NCS 기반

일반경비원
신임교육교재

백석대학교 범죄안전문화연구소 편

박영사

한국 민간경비의 역사는 고대시대에서부터 시작되었을 만큼 오랜 역사를 가지고 있다. 고대시대에선 지방호족이나 중앙의 세도가들이 무사를 고용하는 다양한 경비조직이 출현하였으며, 삼별초가 대표적이라고 할 수 있다. 현대적 의미의 최초 민간경비는 화영기업과 경원 2개 회사가 1962년 주한 미8군부대에 제한된 형태의 용역경비를 실시하면서 시행되었다고 할 수 있다. 그 이후에 청원경찰제가 도입되었는데 청원경찰은 경찰과 민간경비제도를 혼용한 제도로서, 1962년 경제성장으로 증가한 산업시설을 보호하고 북한의 무장게릴라 침투에 따른 한정된 경찰인력을 보조하기 위해『청원경찰법』이 제정되면서 도입되었다. 1976년『용역경비업법』이 제정되어 본격적인 용역경비가 실시되었고, 경비산업의 발전은 1986년 아시안게임, 1988년 서울올림픽, 1993년 대전 엑스포에 민간경비회사가 대거 참여하여 역할을 수행함으로써 경비산업이 비약적으로 발전하게 되는 계기가 되었다고 할 수 있다.

1999년에는『용역경비업법』을『경비업법』으로 개정하고 2001년『경비업법』이 전면 개정되면서 경비업의 종류에 특수경비업무가 추가되었고, 기계경비산업이 급속히 발전하여 기계경비업무의 신고제를 허가제로 변경하였으며, 특수경비원제도 도입 등 한국 민간경비의 토대가 마련되었다.

국가는 영토고권의 안보 아래 국민의 생명과 재산을 보호하는 기본기능을 수행한다. 그렇기 때문에 예전부터 경비는 국가의 전유물이었다. 그러나 현대사회에 들어오면서 복잡하고 다양화된 시민의 안전욕구를 충족하기 위해 국가의 일반적·대중적·보편적 경비서비스만으로는 한계가 있었기에 경비의 민영화가 급속히 진행되었다. 우리나라의 민간경비 규모는 4,500여 개의 경비회사와 50만여 명의 경비원이 종사하고 있는 것으로 추산된다.

21세기는 바야흐로 민간경비의 시대라고 해도 과언이 아니다. 경찰을 비롯한 공적 경비는 작은 정부를 표방하는 정부의 정책에 따라 경찰의 경비영역에서의 역할이 축소되고 이에 반해 민간경비의 영역과 활동이 활발해지고 있는 실정이다. 이에 경찰은 일반 경비와 특수경비의 중요성을 인식하고 경비원의 교육훈련을 전국의 유명한 대학 등을 민간경비교육훈련기관으로 위촉하여 이들 기관을 통해 민간경비원을 양성하고 있다.

　앞으로 민간경비의 민영화 영역은 넓어질 것으로 예상되며, 선진국에서 이미 시행하고 있는 군사시설경비, 핵물질운반, 전쟁수행, 교통유도, 작전수행자 호송경비업무, 경찰순찰업무 등도 민영화가 예상된다. 그러므로 민간경비는 단순한 업무의 차원을 넘어 국가안보와 국민의 생명과 재산을 보호하는 막중한 업무를 수행하는 영역이 된 것이다.

　따라서 민간경비원에 대한 교육훈련의 중요성은 무엇보다 강조되어야 할 것이다. 이에 본 교재는 일반경비원을 대상으로 민간경비분야 실무를 가장 쉽게 이해하고 현장에서 바로 활용할 수 있도록 작성되었다. 또한 민간경비 교육훈련의 관리감독청인 경찰청과 고용노동부의 요구수준과 기준에 부합할 수 있도록 NCS(국가직무능력표준)를 기반으로 하여 교재를 구성하였다. 아무쪼록 본 교재가 민간경비실무를 수습하고자 하는 분들에게 유익한 교재가 될 수 있을 것이며, 현장에서 바로 활용 가능하도록 실용성을 최대한 반영하여 편집하였음을 확신한다. 이 교재를 편집하는 데 도움을 주신 여러분에게 감사의 말씀을 드리며, 특히 본 교재가 출판될 수 있도록 도움을 주신 박영사에 깊은 감사의 인사를 드린다.

2017년 8월 15일

편저자 　김상균·송병호

01 경비업법

05 신변보호 실무

06 기계경비 실무

01

NCS 기반
일반경비원
신임교육교재

경비업법

01
경비업법

① 직무명 및 NCS 능력단위

직무명	능력단위	능력단위코드	학습모듈
01. 경호, 경비, 보안	경비관련법규현장적용	1101010112_14v1	보안모듈

② 목표 및 개요

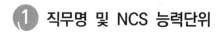

교과목개요 및 특징	**[교과목개요]** 　경비원 및 경비업무관련자가 경비업무를 수행하는데 기초가 되는 경비업법을 이해하고 현장상황에 맞게 이행하는 능력을 함양 **[교과목특징]** 　경비유형별 경비활동의 기준이 되는 법규를 이해하고 현장에서 이를 활용할 능력을 향상시킴
교육목표 (수행준거)	1.1 경비계획서에 따라 경비업법 교육계획을 수립할 수 있다. 1.2 경비업의 정의와 직무의 성격에 관한 제 규정을 확인하고 교육할 수 있다. 1.3 경비업의 허가와 관련한 제 규정들을 확인하고, 교육할 수 있다. 1.4 기계경비업무와 관련한 제 규정들을 확인하고 이를 교육할 수 있다. 1.5 경비지도사, 경비원과 관련한 제 규정들을 확인하고 이를 교육할 수 있다. 1.6 경비업의 행정처분과 관련한 제 규정들을 확인하고 이를 교육할 수 있다. 1.7 경비협회와 관련한 제 규정들을 확인하고 이를 교육할 수 있다. 1.8 보칙과 관련한 제 규정들을 확인하고 이를 교육할 수 있다. 1.9 벌칙과 과태료와 관련한 제 규정들을 확인하고 이를 교육할 수 있다. 1.10 경비계획서에 따라 경비업법의 현장사례교육을 수행할 수 있다.

교육내용	경비업법의 이해와 현장적용하기											
장비 및 도구	NCS능력단위						자체능력단위					
	• 시청각 장비 (교재, 법전, 빔, 컴퓨터, 영상자료 등)						• 시청각 장비 (교재, 법전, 빔, 컴퓨터, 영상자료 등)					
교수학습방법	이론 강의	실습	발표	토론	팀 프로젝트	캡스톤 디자인		포트폴리오		기타		
	O									O		
평가방법	A	B	C	D	E	F	G	H	I	J	K	L	M
			O			O	O						
	A.포트폴리오 B.문제해결 C.서술형시험 D.논술형시험 E.사례연구 F.평가자질문 G.평가자체크리스트 H.피평가자체크리스트 I.일지/저널 J.역할연기 K.구두발표 L.작업장평가 M.기타												
교육정보	국가직무능력표준(NCS)												

③ 진단평가

(1) 개 요

학습자 스스로가 학습 출발점을 알고 자기주도형 학습이 가능하도록 체크리스트를 활용해 학습진단을 할 수 있도록 한다.

(2) 평가내용

영역 (능력단위요소/코드)	진단문항	자가진단		
		우수	보통	미흡
공통기초	• 본인의 문서이해능력은 어느 정도인가?			
	• 본인의 경청능력은 어느 정도인가?			
기초내용강화하기	• 본인의 경비업과 관련 법 규정에 대한 이해 정도는?			
	• 본인의 청원경찰법에 대한 이해 정도는?			

(3) **평가시기** : 1교시

(4) **평가방법** : 자가진단평가를 활용

(5) **평가 시 고려사항** : 진단평가 결과는 교육평가에 반영되지 않으므로 학습자가 솔직하게 문항에 응답하고 자신의 학습상태를 확인해 볼 수 있도록 지도한다.

(6) **평가결과 활용계획** : 수업운영 및 교육생 상담 등에 활용한다.

④ 교과내용

[경비업법]

4-1. 경비업법의 정의와 직무의 성격에 관한 제 규정
4-2. 경비업의 허가와 관련한 제 규정
4-3. 기계경비업무와 관련한 제 규정
4-4. 경비지도사, 경비원관련 제 규정
4-5. 경비협회와 관련한 제 규정
4-6. 보칙과 관련한 제 규정
4-7. 벌칙 및 과태료와 관련한 제 규정

4-1 경비업법의 정의와 직무의 성격에 관한 제 규정

1) 경비업법의 목적(경비업법 제1조)

경비업의 육성 및 발전과 그 체계적 관리에 관하여 필요한 사항을 정함으로써 경비업의 건전한 운영에 이바지함을 목적으로 한다.

2) 경비업법의 정의(경비업법 제2조)

경비업을 쉽게 설명하면 "다른 사람의 시설이나 생명, 신체를 보호하는 것을 업무"로 하는 것을 말한다. 그리고 이러한 경비업무와 관련된 제반 사항을 법으로 규정한 것이 「경비업법」이다.

「경비업법」 제2조 제1호는 "경비업"이라 함은 시설경비, 호송경비, 신변보호, 기계경비, 특수경비에 해당하는 업무의 전부 또는 일부를 도급받아 행하는 영업을 말한다고 정의하고 있다.

3) 경비업법상의 경비업무의 종류(경비업법 제2조 제1호)

가. 시설경비업무 : 경비를 필요로 하는 시설 및 장소(이하 "경비대상시설"이라 한다)에서의 도난·화재 그 밖의 혼잡 등으로 인한 위험발생을 방지하는 업무

나. 호송경비업무 : 운반 중에 있는 현금·유가증권·귀금속·상품 그 밖의 물건에 대하여 도난·화재 등 위험발생을 방지하는 업무

다. 신변보호업무 : 사람의 생명이나 신체에 대한 위해의 발생을 방지하고 그 신변을 보호하는 업무

라. 기계경비업무 : 경비대상시설에 설치한 기기에 의하여 감지·송신된 정보를 그 경비대상시설 외의 장소에 설치한 관제시설의 기기로 수신하여 도난·화재 등 위험발생을 방지하는 업무

마. 특수경비업무 : 공항(항공기를 포함한다) 등 대통령령이 정하는 국가중요시설(이하 "국가중요시설"이라 한다)의 경비 및 도난·화재 그 밖의 위험발생을 방지하는 업무

4) 경비업의 직무성격(경비업법 제3조)

경비업은 국가차원에서 이루어지는 공경비와 민간차원에서 행해지는 민간경비가 있는데, 경비업법의 범위에서 공경비는 제외된다.

하지만, 경비업의 업무수행 측면을 보면, 범죄예방 및 억제 또는 경제적 손실방지 및 이익을 위한 기능을 수행한다. 따라서 경비업법 제3조에 의하면 "경비업은 법인이 아니면 이를 영위할 수 없다"라고 규정하고 있다.

4-2 경비업의 허가와 관련한 제 규정

1) 경비업의 허가(허가권자, 허가요건)(경비업법 제4조)

① 경비업을 영위하고자 하는 법인은 도급받아 행하고자 하는 경비업무를 특정하여 그 법인의 주사무소의 소재지를 관할하는 지방경찰청장의 허가를 받아야 한다. 도급받아 행하고자 하는 경비업무를 변경하는 경우에도 또한 같다.

② 경비업 허가를 받고자 하는 법인이 갖추어야 하는 요건

  1. 대통령령으로 정하는 1억원 이상의 자본금의 보유

  2. 다음 각 목의 경비인력 요건

    가. 시설경비업무 : 경비원 20명 이상 및 경비지도사 1명 이상

    나. 시설경비업무 외의 경비업무 : 대통령령으로 정하는 경비 인력

  3. 제2호의 경비인력을 교육할 수 있는 교육장을 포함하여 대통령령으로 정하는 시설과 장비의 보유

  4. 그 밖에 경비업무 수행을 위하여 대통령령으로 정하는 사항

■ 경비업법 시행령 [별표 1]〈개정 2014. 6. 3〉

경비업의 시설 등의 기준(제3조 제2항 관련)

구분	경비인력	자본금	시설	장비 등
시설경비 업무	– 일반경비원 20명 이상 – 경비지도사 1명 이상	1억원 이상	기준 경비인력 수 이상을 동시에 교육할 수 있는 교육장	– 기준 경비인력 수 이상 의 경비원 복장 및 경적, 단봉, 분사기
호송경비 업무	– 무술유단자인 일반경비원 5명 이상 – 경비지도사 1명 이상	1억원 이상	기준 경비인력 수 이상을 동시에 교육할 수 있는 교육장	– 호송용 차량 1대 이상 – 현금호송백 1개 이상 – 기준 경비인력 수 이상 의 경비원 복장 및 경적, 단봉, 분사기
신변보호 업무	– 무술유단자인 일반경비원 5명 이상 – 경비지도사 1명 이상	1억원 이상	기준 경비인력 수 이상을 동시에 교육할 수 있는 교육장	– 기준 경비인력 수 이상 의 무전기 등 통신장비 – 기준 경비인력 수 이상 의 경적, 단봉, 분사기

구분	경비인력	자본금	시설	장비 등
기계경비 업무	− 전자·통신 분야 기술자 격증 소지자 5명을 포함한 일반경비원 10명 이상 − 경비지도사 1명 이상	1억원 이상	기준 경비인력 수 이상을 동시에 교육할 수 있는 교육장 + 관제시설	− 감지장치, 송수신장치 − 출장소별로 출동차량 2대 이상 − 기준 경비인력 수 이상의 경비원 복장 및 경적, 단봉, 분사기
특수경비 업무	− 특수경비원 20명 이상 − 경비지도사 1명 이상	3억원 이상	기준 경비인력 수 이상을 동시에 교육할 수 있는 교육장	− 기준 경비인력 수 이상의 경비원 복장 및 경적, 단봉, 분사기

2) 경비업의 허가신청(경비업법 시행령 제3조 제1항)

경비업의 허가를 받으려는 경우에는 <u>허가신청서</u>에, 경비업의 허가를 받은 법인이 경비업무를 변경하거나 새로운 경비업무를 추가하려는 경우에는 <u>변경허가신청서</u>에 행정안전부령으로 정하는 서류를 첨부하여 법인의 주사무소를 관할하는 지방경찰청장 또는 해당 지방경찰청 소속의 경찰서장에게 제출하여야 한다. 이 경우 신청서를 제출받은 경찰서장은 지체 없이 관할 지방경찰청장에게 보내야 한다.

3) 허가의 신청조건(경비업법 시행령 제3조 제2항)

허가 또는 변경허가 신청서를 제출하는 법인은 경비인력·자본금·시설 및 장비 등 경비업법 시행령 별표 1의 요건을 갖추어야 한다. 다만, 경비업의 허가 또는 변경허가를 신청하는 때에 경비인력·시설 및 장비 등의 요건을 갖출 수 없는 경우에는 허가 또는 변경허가의 신청시 시설 등의 확보계획서를 제출한 후 허가 또는 변경허가를 받은 날부터 1월 이내에 경비업법 시행령 별표 1의 규정에 의한 시설 등을 갖추고 지방경찰청장의 확인을 받아야 한다.

■ 경비업법 시행규칙 [별지 제2호서식]

[　]신규

경비업　　[　]변경　　허가신청서

[　]갱신

접수번호		접수일자	처리기간	15일
신청인	법인명칭		허가번호	
	주사무소의 소재지			
		(전화번호 : 　　　　　　　)		
	출장소의 소재지			
		(전화번호 : 　　　　　　　)		
신청 내용	신청경비업무 　　[　] 시설경비업무　　[　] 호송경비업무　　[　] 신변보호업무 　　[　] 기계경비업무　　[　] 특수경비업무			
	자본			
	손해배상(공탁·보험·공제)			

「경비업법」 제4조제1항·제6조제2항, 같은 법 시행령 제3조 및 같은 법 시행규칙 제3조·제6조 제1항에 따라 위와 같이 경비업의 (신규·변경·갱신) 허가를 신청합니다.

년　　　월　　　일

신청인(대표자)　　　　　　　　　　　　　　　　(서명 또는 인)

○○ 지방경찰청장　　귀하

신청인 제출서류	1. 신규·변경 허가신청 　가. 법인의 정관 1부 　나. 법인 임원의 이력서 1부 　다. 경비인력·시설 및 장비의 확보계획서 각 1부(경비업의 허가를 신청 　　　하는 때에 갖출 수 없는 경우만 해당합니다) 2. 갱신 허가신청 　가. 허가증 원본 　나. 정관 1부(변경사항이 있는 경우만 해당합니다)	수수료 10,000원
담당 공무원 확인사항	법인의 등기사항증명서	

처리절차

신청서 작성	→	접수	→	결재	→	허가증 교부
(신청인)		(경찰서·지방청)		(경찰서·지방청)		(신청인)

210mm×297mm[백상지 80g/㎡(재활용품)]

4) 허가절차(경비업법 시행령 제4조)

① 지방경찰청장은 허가 또는 변경허가의 신청을 받은 때에는 경비업을 영위하고자 하는 법인의 임원 중 결격사유에 해당하는 자가 있는지의 유무, 경비인력·시설 및 장비의 확보 또는 확보가능성의 여부, 자본금과 대표자·임원의 경력 및 신용 등을 검토하여 허가여부를 결정하여야 한다.

② 지방경찰청장은 경비업을 허가하거나 변경허가를 한 경우에는 해당 법인의 주사무소를 관할하는 경찰서장을 거쳐 신청인에게 허가증을 발급하여야 한다.

③ 경비업자는 경비업 허가증을 잃어버리거나 경비업 허가증이 못쓰게 된 경우에는 허가증 재교부신청서에 다음 각 호의 구분에 따른 서류를 첨부하여 법인의 주사무소를 관할하는 지방경찰청장 또는 해당 지방경찰청 소속의 경찰서장에게 재발급을 신청하여야 하고, 신청서를 제출받은 경찰서장은 지체 없이 관할 지방경찰청장에게 보내야 한다.

1. 허가증을 잃어버린 경우에는 그 사유서
2. 허가증이 못쓰게 된 경우에는 그 허가증

■ 경비업법 시행규칙 [별지 제3호서식]

제   호

허 가 증

1. 법인명칭
2. 소재지
3. 대표자성명
4. 주민등록번호
5. 주소
6. 허가경비업무

경비업법 제4조제1항·제6조제2항의 규정에 의하여 위와 같이 허가합니다.

년   월   일

○○지방경찰청장   [인]

---

5) 허가의 제한(경비업법 제4조의2)

① 누구든지 허가를 받은 경비업체와 동일한 명칭으로 경비업 허가를 받을 수 없다.
② 허가받은 경비업무 외의 업무에 경비원을 종사시킨 사유와 소속경비원으로 하여금 경비업무의 범위를 벗어난 행위를 하게 한 사유로 경비업체의 허가가 취소된 경우 허가가 취소된 날부터 10년이 지나지 아니한 때에는 누구든지 허가가 취소된 경비업체와 동일한 명칭으로 허가를 받을 수 없다.
③ 허가받은 경비업무 외의 업무에 경비원을 종사시킨 사유와 소속경비원으로 하여금 경비업무의 범위를 벗어난 행위를 하게 한 사유로 허가가 취소된 법인은 법인명 또는 임원의 변경에도 불구하고 허가가 취소된 날부터 5년이 지나지 아니한 때에는 허가를 받을 수 없다.

6) 법인의 신고사항

(1) 신고사유(경비업법 제4조 제3항)

경비업의 허가를 받은 법인은 다음 각호의 1에 해당하는 때에는 지방경찰청장에게 신고하여야 한다.
1. 영업을 폐업하거나 휴업한 때
2. 법인의 명칭이나 대표자·임원을 변경한 때
3. 법인의 주사무소나 출장소를 신설·이전 또는 폐지한 때
4. 기계경비업무의 수행을 위한 관제시설을 신설·이전 또는 폐지한 때
5. 특수경비업무를 개시하거나 종료한 때
6. 그 밖에 대통령령이 정하는 중요사항을 변경한 때

(2) 신고절차

가. 폐업신고(경비업법 시행령 제5조 제1항)

경비업자는 폐업을 한 경우에는 폐업을 한 날부터 7일 이내에 폐업신고서에 허가증을 첨부하여 법인의 주사무소를 관할하는 지방경찰청장 또는 해당 지방경찰청 소속의 경찰서장에게 제출하여야 한다. 이 경우 폐업신고서를 제출받은 경찰서장은 지체 없

이 관할 지방경찰청장에게 보내야 한다.

나. 휴업신고(경비업법 시행령 제5조 제2항)

① 경비업자는 휴업을 한 경우에는 휴업한 날부터 7일 이내에 휴업신고서를 법인의 주사무소를 관할하는 지방경찰청장 또는 해당 지방경찰청 소속의 경찰서장에게 제출하여야 하고, 휴업신고서를 제출받은 경찰서장은 지체 없이 관할 지방경찰청장에게 보내야 한다.
② 이 경우 휴업신고를 한 경비업자가 신고한 휴업기간이 끝나기 전에 영업을 다시 시작하거나 신고한 휴업기간을 연장하려는 경우에는 영업을 다시 시작한 후 7일 이내에 또는 신고한 휴업기간이 끝난 후 7일 이내에 영업재개신고서 또는 휴업기간연장신고서를 제출하여야 한다.

다. 기타신고(경비업법 시행령 제5조 제3항~제5항)

① 신설·이전 또는 폐지한 때에 신고를 하여야 하는 출장소는 주사무소 외의 장소로서 일상적으로 일정 지역안의 경비업무를 지휘·총괄하는 영업거점인 지점·지사 또는 사업소 등의 장소로 한다.
② 법인의 명칭변경(제2호)부터 정관의 목적변경(제6호)까지의 규정에 따른 신고는 그 사유가 발생한 날부터 30일 이내에 하여야 한다.

7) 임원의 결격사유(경비업법 제5조)

가. 결격사유

다음 각호의 1에 해당하는 자는 경비업을 영위하는 법인(제4호에 해당하는 자의 경우에는 특수경비업무를 수행하는 법인을 말하고, 제5호에 해당하는 자의 경우에는 허가취소사유에 해당하는 경비업무와 동종의 경비업무를 수행하는 법인을 말한다)의 임원이 될 수 없다.
1. 피성년후견인 또는 피한정후견인
2. 파산선고를 받고 복권되지 아니한 자
3. 금고 이상의 형의 선고를 받고 그 형이 실효되지 아니한 자
4. 특수경비업무의 경우 : 경비업법 또는 「대통령 등의 경호에 관한 법률」에 위반하여 벌금형의 선고를 받고 3년이 지나지 아니한 자

12

5. 동종 경비업무의 경우 : 경비업법(제19조 제1항 제2호(허가받지 않은 업무에 종사하게 한 경우) 및 제7호(경비업무 범위 벗어나게 한 경우)는 제외한다) 또는 경비업법에 의한 명령에 위반하여 허가가 취소된 법인의 허가취소 당시의 임원이었던 자로서 그 취소 후 3년이 지나지 아니한 자

6. 제19조 제1항 제2호 및 제7호의 사유로 허가가 취소된 법인의 허가취소 당시의 임원이었던 자로서 허가가 취소된 날부터 5년이 지나지 아니한 자

 Tip 다른 법령에 의한 허가취소는 해당되지 않음.

나. 제한이유

법인 임원의 결격사유를 명시하고 있는 것도 경비업체의 제한사유와 동일하다. 공공성이 강한 업무를 수행하는 법인이기에 그 임원의 자격도 엄격한 관리가 필요하다. 특히 특수경비업무의 경우 업무의 중요성에 비추어 법인에 대한 더욱 엄격한 제한을 두고 있다.

8) 허가의 유효기간(경비업법 제6조)

① 경비업 허가의 유효기간은 허가받은 날부터 5년으로 한다.

② 유효기간이 만료된 후 계속하여 경비업을 하고자 하는 법인은 행정안전부령이 정하는 바에 의하여 갱신허가를 받아야 한다.

③ 이는 경비업체의 난립을 막고 허가받은 경비업체 중 별다른 영업실적이 없는 업체를 정비하려는 의도가 있다.

④ 경비업의 갱신허가를 받으려는 자는 허가의 유효기간 만료일 30일 전까지 경비업 갱신허가신청서에 허가증 원본 및 정관(변경사항이 있는 경우만 해당한다)을 첨부하여 법인의 주사무소를 관할하는 지방경찰청장 또는 해당 지방경찰청 소속의 경찰서장에게 제출하여야 한다. 경비업 갱신허가신청서를 제출받은 경찰서장은 이를 지체 없이 관할지방경찰청장에게 보내야 한다.

9) 경비업자의 의무(경비업법 제7조)

① 경비업자는 경비대상시설의 소유자 또는 관리자의 관리권의 범위 안에서 경비

업무를 수행하여야 하며, 다른 사람의 자유와 권리를 침해하거나 그의 정당한 활동에 간섭하여서는 아니 된다.

② 경비업자는 경비업무를 성실하게 수행하여야 하고, 도급을 의뢰받은 경비업무가 위법 또는 부당한 것일 때에는 이를 거부하여야 한다.

③ 경비업자는 불공정한 계약으로 경비원의 권익을 침해하거나 경비업의 건전한 육성과 발전을 해치는 행위를 하여서는 아니 된다.

④ 경비업자의 임·직원이거나 임·직원이었던 자는 다른 법률에 특별한 규정이 있는 경우를 제외하고는 그 직무상 알게 된 비밀을 누설하거나 다른 사람에게 제공하여 이용하도록 하는 등 부당한 목적을 위하여 사용하여서는 아니 된다.

⑤ 경비업자는 허가받은 경비업무외의 업무에 경비원을 종사하게 하여서는 아니 된다.

⑥ 경비업자는 집단민원현장에 경비원을 배치하는 때에는 경비지도사를 선임하고 그 장소에 배치하여 행정안전부령으로 정하는 바에 따라 경비원을 지도·감독하게 하여야 한다.

⑦ 특수경비업무를 수행하는 경비업자(이하 "특수경비업자"라 한다)는 특수경비업무의 개시신고를 하는 때에는 국가중요시설에 대한 특수경비업무의 수행이 중단되는 경우 시설주의 동의를 얻어 다른 특수경비업자 중에서 경비업무를 대행할 자(이하 "경비대행업자"라 한다)를 지정하여 허가관청에 신고하여야 한다. 경비대행업자의 지정을 변경하는 경우에도 또한 같다.

⑧ 특수경비업자는 국가중요시설에 대한 특수경비업무를 중단하게 되는 경우에는 미리 경비대행업자에게 통보하여야 하며, 경비대행업자는 통보받은 즉시 그 경비업무를 인수하여야 한다.

⑨ 특수경비업자는 이 법에 의한 경비업과 경비장비의 제조·설비·판매업, 네트워크를 활용한 정보산업, 시설물 유지관리업 및 경비원 교육업 등 대통령령이 정하는 경비관련업 외의 영업을 하여서는 아니 된다.

10) 경비업무 도급인 등의 의무(경비업법 제7조의2)

① 누구든지 허가를 받지 아니한 자에게 경비업무를 도급하여서는 아니 된다.

② 누구든지 집단민원현장에 경비인력을 20명 이상 배치하려고 할 때에는 그 경비

인력을 직접 고용하여서는 아니 되고, 경비업자에게 경비업무를 도급하여야 한다. 다만, 시설주 등이 집단민원현장 발생 3개월 전까지 직접 고용하여 경비업무를 수행하는 피고용인의 경우에는 그러하지 아니하다.

③ 경비업무를 도급하는 자는 그 경비업무를 수급한 경비업자의 경비원 채용 시 무자격자나 부적격자 등을 채용하도록 관여하거나 영향력을 행사해서는 아니 된다.

④ 무자격자 및 부적격자의 구체적인 범위 등은 대통령령으로 정한다.

⑤ 그 밖에 신고의무, 교육의무(-경비업자), 경비지도사 선임의무, 서류비치 의무 등이 있다.

11) 경비원의 의무

가. 특수경비원의 의무(경비업법 제15조)

① 특수경비원은 직무를 수행함에 있어 시설주·관할 경찰관서장 및 소속상사의 직무상 명령에 복종하여야 한다.

② 특수경비원은 소속상사의 허가 또는 정당한 사유없이 경비구역을 벗어나서는 아니 된다.

③ 특수경비원은 파업·태업 그 밖에 경비업무의 정상적인 운영을 저해하는 일체의 쟁의행위를 하여서는 아니 된다.

④ 특수경비원이 무기를 휴대하고 경비업무를 수행하는 때에는 다음 각호의 1에 정하는 무기의 안전사용수칙을 지켜야 한다.

  1. 특수경비원은 사람을 향하여 권총 또는 소총을 발사하고자 하는 때에는 미리 구두 또는 공포탄에 의한 사격으로 상대방에게 경고하여야 한다. 다만, 다음 각목의 1에 해당하는 경우로서 부득이한 때에는 경고하지 아니할 수 있다.
     (가) 특수경비원을 급습하거나 타인의 생명·신체에 대한 중대한 위험을 야기하는 범행이 목전에 실행되고 있는 등 상황이 급박하여 경고할 시간적 여유가 없는 경우
     (나) 인질·간첩 또는 테러사건에 있어서 은밀히 작전을 수행하는 경우
  2. 특수경비원은 무기를 사용하는 경우에 있어서 범죄와 무관한 다중의 생명·신체에 위해를 가할 우려가 있는 때에는 이를 사용하여서는 아니 된다. 다만, 무기를 사용하지 아니하고는 타인 또는 특수경비원의 생명·신체에 대한 중

　　대한 위협을 방지할 수 없다고 인정되는 때에는 필요한 최소한의 범위 안에
　　서 이를 사용할 수 있다.
3. 특수경비원은 총기 또는 폭발물을 가지고 대항하는 경우를 제외하고는 14세
　　미만의 자 또는 임산부에 대하여는 권총 또는 소총을 발사하여서는 아니 된다.

나. 경비원 등의 의무(경비업법 제15조의2)

① 경비원은 직무를 수행함에 있어 타인에게 위력을 과시하거나 물리력을 행사하
　　는 등 경비업무의 범위를 벗어난 행위를 하여서는 아니 된다.
② 누구든지 경비원으로 하여금 경비업무의 범위를 벗어난 행위를 하게 하여서는
　　아니 된다.

4-3　기계경비업무와 관련한 제 규정

1) 기계경비의 정의

　　기계경비업무란 경비대상시설에 설치한 기기에 의하여 감지·송신된 정보를 그 경
비대상시설 외의 장소에 설치한 관제시설의 기기로 수신하여 도난·화재 등 위험발생을
방지하는 업무를 말한다.

2) 대응체제 구축(경비업법 시행령 제7조)

　　기계경비업무를 수행하는 경비업자는 경비대상시설에 관한 경보를 수신한 때에는
신속하게 그 사실을 확인하는 등 필요한 대응조치를 취하여야 하며, 이를 위한 대응체
제를 갖추어야 한다.

3) 오경보의 방지 등(경비업법 제9조)

① 기계경비업자는 경비계약을 체결하는 때에는 오경보를 막기 위하여 계약상대방

에게 기기사용요령 및 기계경비운영체계 등에 관하여 설명하여야 하며, 각종 기기가 오작동되지 아니하도록 관리하여야 한다.

② 기계경비업자가 계약상대방에게 하여야 하는 설명은 다음 각호의 사항을 기재한 서면 또는 전자문서를 교부하는 방법에 의한다.

    1. 당해 기계경비업무와 관련된 관제시설 및 출장소(경비업법 시행령 제5조 제3항의 규정에 의한 출장소를 말한다. 이하 같다)의 명칭·소재지

    2. 기계경비업자가 경비대상시설에서 발생한 정보를 수신한 경우에 취하는 조치

    3. 기계경비업무용 기기의 설치장소 및 종류와 그밖의 기계장치의 개요

    4. 오경보의 발생원인과 송신기기의 유지·관리방법

③ 기계경비업자는 위의 사항을 기재한 서면등과 함께 경비업법 제26조의 규정에 의한 손해배상의 범위와 손해배상액에 관한 사항을 기재한 서면 등을 계약상대방에게 교부하여야 한다.

4) 기계경비업자의 서류비치(경비업법 시행령 제9조)

① 기계경비업자는 대응조치 등 업무의 원활한 운영과 개선을 위하여 대통령령이 정하는 바에 따라 관련 서류를 작성·비치하여야 한다.

② 기계경비업자는 출장소별로 다음 각호의 사항을 기재한 서류를 갖추어 두어야 한다.

    1. 경비대상시설의 명칭·소재지 및 경비계약기간

    2. 기계경비지도사의 명단·배치일자·배치장소와 출동차량의 대수

    3. 경보의 수신 및 현장도착 일시와 조치의 결과

    4. 오경보인 경우 오경보가 발생한 경비대상시설 및 그 오경보에 대한 조치의 결과

③ 위의 제3호 및 제4호의 규정에 의한 사항을 기재한 서류는 당해 경보를 수신한 날부터 1년간 이를 보관하여야 한다.

4-4　경비지도사, 경비원관련 제 규정

1) 경비지도사 및 경비원의 결격사유(경비업법 제10조)

① 다음 각호의 1에 해당하는 자는 경비지도사 또는 일반경비원이 될 수 없다.

1. 만 18세 미만인 자, 피성년후견인, 피한정후견인
2. 파산선고를 받고 복권되지 아니한 자
3. 금고 이상의 실형의 선고를 받고 그 집행이 종료(집행이 종료된 것으로 보는 경우를 포함한다)되거나 집행이 면제된 날부터 5년이 지나지 아니한 자
4. 금고 이상의 형의 집행유예선고를 받고 그 유예기간 중에 있는 자
5. 다음 각 목의 어느 하나에 해당하는 죄를 범하여 벌금형을 선고받은 날부터 10년이 지나지 아니하거나 금고 이상의 형을 선고받고 그 집행이 종료된(종료된 것으로 보는 경우를 포함한다) 날 또는 집행이 유예·면제된 날부터 10년이 지나지 아니한 자
   가. 「형법」 제114조의 죄
   나. 「폭력행위 등 처벌에 관한 법률」 제4조의 죄
   다. 「형법」 제297조, 제297조의2, 제298조부터 제301조까지, 제301조의2, 제302조, 제303조, 제305조, 제305조의2의 죄
   라. 「성폭력범죄의 처벌 등에 관한 특례법」 제3조부터 제11조까지 및 제15조(제3조부터 제9조까지의 미수범만 해당한다)의 죄
   마. 「아동·청소년의 성보호에 관한 법률」 제7조 및 제8조의 죄
   바. 다목부터 마목까지의 죄로서 다른 법률에 따라 가중처벌되는 죄
6. 다음 각 목의 어느 하나에 해당하는 죄를 범하여 벌금형을 선고받은 날부터 5년이 지나지 아니하거나 금고 이상의 형을 선고받고 그 집행이 유예된 날부터 5년이 지나지 아니한 자
   가. 「형법」 제329조부터 제331조까지, 제331조의2 및 제332조부터 제343조까지의 죄
   나. 가목의 죄로서 다른 법률에 따라 가중처벌되는 죄
7. 제5호 다목부터 바목까지의 어느 하나에 해당하는 죄를 범하여 치료감호를

선고받고 그 집행이 종료된 날 또는 집행이 면제된 날부터 10년이 지나지 아니한 자 또는 제6호 각 목의 어느 하나에 해당하는 죄를 범하여 치료감호를 선고받고 그 집행이 면제된 날부터 5년이 지나지 아니한 자

8. 이 법이나 이 법에 따른 명령을 위반하여 벌금형을 선고받은 날부터 5년이 지나지 아니하거나 금고 이상의 형을 선고받고 그 집행이 유예된 날부터 5년이 지나지 아니한 자

② 다음 각 호의 어느 하나에 해당하는 자는 특수경비원이 될 수 없다.

1. 만 18세 미만 또는 만 60세 이상인 자, 피성년후견인, 피한정후견인

2. 제1항제2호부터 제8호까지의 어느 하나에 해당하는 자

3. 금고 이상의 형의 선고유예를 받고 그 유예기간중에 있는 자

4. 행정안전부령이 정하는 신체조건에 미달되는 자

③ 경비업자는 제1항 각호 또는 제2항 각호의 결격사유에 해당하는 자를 경비지도사 또는 경비원으로 채용 또는 근무하게 하여서는 아니 된다.

2) 경비지도사의 시험 등(경비업법 제11조)

① 경비지도사는 제10조 제1항 각호의 1에 해당하지 아니하는 자로서 경찰청장이 시행하는 경비지도사시험에 합격하고 행정안전부령이 정하는 교육을 받은 자이어야 한다.

② 경찰청장은 제1항의 규정에 의한 교육을 받은 자에게 행정안전부령이 정하는 바에 따라 경비지도사자격증을 교부하여야 한다.

③ 경비지도사시험의 시험과목, 시험공고, 시험의 일부가 면제되는 자의 범위 그 밖에 경비지도사시험에 관하여 필요한 사항은 대통령령으로 정한다.

■ 경비업법 시행령 [별표 2] 〈개정 2003.11.11〉

경비지도사의 시험과목(제12조 제3항 관련)

구분	1차시험	2차시험
	선택형	선택형 또는 단답형
일반경비지도사	• 법학개론	• 경비업법(청원경찰법을 포함한다)
		• 소방학·범죄학 또는 경호학 중 1과목
기계경비지도사	• 민간경비론	• 경비업법(청원경찰법을 포함한다)
		• 기계경비개론 또는 기계경비기획 및 설계 중 1과목

■ 경비업법 시행규칙 [별표 1] 〈개정 2011.1.26〉

경비지도사 교육의 과목 및 시간(제9조 제1항 관련)

구분 (교육시간)	과목		시간
공통교육 (28시간)	「경비업법」		4
	「경찰관 직무집행법」 및 「청원경찰법」		3
	테러 대응요령		3
	화재대처법		2
	응급처치법		3
	분사기 사용법		2
	교육기법		2
	예절 및 인권교육		2
	체포·호신술		3
	입교식·평가·수료식		4
자격의 종류별 교육 (16시간)	일반경비 지도사	시설경비	2
		호송경비	2
		신변보호	2
		특수경비	2
		기계경비개론	3
		일반경비현장실습	5
	기계경비 지도사	기계경비운용관리	4
		기계경비기획 및 설계	4
		인력경비개론	3
		기계경비현장실습	5
계			44

비고 : 일반경비지도사 자격증 취득자 또는 기계경비지도사 자격증 취득자가 자격증 취득일부터 3년 이내에 기계경비지도사 또는 일반경비지도사 시험에 합격하여 교육을 받을 경우에는 공통교육은 면제한다.

3) 경비지도사의 선임 등(경비업법 제12조)

① 경비업자는 대통령령이 정하는 바에 따라 경비지도사를 선임하여야 한다.

② 제1항의 규정에 의하여 선임된 경비지도사의 직무는 다음과 같다.

  1. 경비원의 지도·감독·교육에 관한 계획의 수립·실시 및 그 기록의 유지

  2. 경비현장에 배치된 경비원에 대한 순회점검 및 감독

  3. 경찰기관 및 소방기관과의 연락방법에 대한 지도

  4. 집단민원현장에 배치된 경비원에 대한 지도·감독

  5. 그 밖에 대통령령이 정하는 직무

③ 선임된 경비지도사는 위에 규정한 직무를 대통령령이 정하는 바에 따라 성실하게 수행하여야 한다.

4) 경비원의 교육 등(경비업법 제13조)

① 경비업자는 경비업무를 적정하게 실시하기 위하여 경비원으로 하여금 대통령령으로 정하는 바에 따라 경비원 신임교육 및 직무교육을 받게 하여야 한다. 다만, 경비업자는 대통령령으로 정하는 경력 또는 자격을 갖춘 일반경비원을 신임교육 대상에서 제외할 수 있다.

〈일반경비원 신임교육기관〉
1. 경비협회
2. 「경찰공무원 교육훈련규정」에 따른 경찰교육기관
3. 경비업무 관련 학과가 개설된 대학 등 경비원에 대한 교육을 전문적으로 수행할 수 있는 인력과 시설을 갖춘 기관 또는 단체 중 경찰청장이 지정하여 고시하는 기관 또는 단체

〈일반경비원 신임교육 대상제외자〉
1. 일반경비원 신임교육을 받은 사람으로서 채용 전 3년 이내에 경비업무에 종사한 경력이 있는 사람
2. 「경찰공무원법」에 따른 경찰공무원으로 근무한 경력이 있는 사람

3. 「대통령 등의 경호에 관한 법률」에 따른 경호공무원 또는 별정직공무원으로 근무한 경력이 있는 사람
4. 「군인사법」에 따른 부사관 이상으로 근무한 경력이 있는 사람
5. 경비지도사 자격이 있는 사람

■ 경비업법 시행규칙 [별표 2]〈개정 2014.12.10〉

일반경비원 신임교육의 과목 및 시간(제12조 제1항 관련)

구분 (교육시간)	과목	시간
이론교육 (4시간)	「경비업법」	2
	범죄예방론(신고 및 순찰요령을 포함한다)	2
실무교육 (19시간)	시설경비실무(신고 및 순찰요령, 관찰·기록기법을 포함한다)	2
	호송경비실무	2
	신변보호실무	2
	기계경비실무	2
	사고예방대책(테러 대응요령, 화재대처법 및 응급처치법을 포함한다)	3
	체포·호신술(질문·검색요령을 포함한다)	3
	장비사용법	2
	직업윤리 및 서비스(예절 및 인권교육을 포함한다)	3
기타(1시간)	입교식, 평가 및 수료식	1
계		24

〈일반경비원에 대한 직무교육 시간〉(경비업법 시행규칙 제13조)
① "행정안전부령으로 정하는 시간"이란 4시간을 의미한다.
② 일반경비원에 대한 직무교육의 과목은 일반경비원의 직무수행에 필요한 이론·실무과목, 그 밖에 정신교양 등으로 한다.

② 경비원이 되려는 사람은 대통령령으로 정하는 교육기관에서 미리 일반경비원 신임교육을 받을 수 있다.

③ 특수경비업자는 대통령령으로 정하는 바에 따라 특수경비원으로 하여금 특수경
비원 신임교육과 정기적인 직무교육을 받게 하여야 하고, 특수경비원 신임교육
을 받지 아니한 자를 특수경비업무에 종사하게 하여서는 아니 된다.

④ 제3항에 의한 특수경비원의 교육시 관할경찰서 소속 경찰공무원이 교육기관에
입회하여 대통령령이 정하는 바에 따라 지도·감독하여야 한다.

〈특수경비원 신임교육기관〉
1. 「경찰공무원 교육훈련규정」 제2조 제3호에 따른 경찰교육기관
2. 행정안전부령으로 정하는 기준에 적합한 기관 또는 단체 중 경찰청장이
지정하여 고시하는 기관 또는 단체

〈특수경비원 신임교육제외 대상자〉
– 채용 전 3년 이내에 특수경비업무에 종사하였던 경력이 있는 사람을 특수
경비원으로 채용한 경우에는 해당 특수경비원을 특수경비원 신임교육 대
상에서 제외할 수 있다.

⑤ 특수경비업자는 법 제13조 제2항에 따라 소속 특수경비원에게 법 제12조에 따
라 선임한 경비지도사가 수립한 교육계획에 따라 매월 행정안전부령으로 정하
는 시간 이상 직무교육을 받도록 하여야 한다.

〈특수경비원 신임교육제외 대상자〉
– "행정안전부령으로 정하는 시간"이란 6시간을 말한다.
– 관할경찰서장 및 공항경찰대장 등 국가중요시설의 경비책임자(이하 "관할경
찰관서장"이라 한다)는 필요하다고 인정하는 경우에는 특수경비원이 배치된
경비대상시설에 소속공무원을 파견하여 직무집행에 필요한 교육을 실시
할 수 있다.
– 특수경비원에 대한 직무교육의 과목은 특수경비원의 직무수행에 필요한
이론·실무과목, 그 밖에 정신교양 등으로 한다.

경비업법 시행규칙 [별표 4]〈개정 2006. 2. 2〉

특수경비원 신임교육의 과목 및 시간(제15조 제1항 관련)

구분 (교육시간)	과목	시간
이론교육 (15시간)	「경비업법」·「경찰관 직무집행법」 및 「청원경찰법」	8
	「헌법」 및 형사법(인권, 경비관련 범죄 및 현행범체포에 관한 규정을 포함한다)	4
	범죄예방론(신고요령을 포함한다)	3
실무교육 (69시간)	정신교육	2
	테러 대응요령	4
	폭발물 처리요령	6
	화재대처법	3
	응급처치법	3
	분사기 사용법	3
	출입통제 요령	3
	예절교육	2
	기계경비 실무	3
	정보보호 및 보안업무	6
	시설경비요령(야간경비요령을 포함한다)	4
	민방공(화생방 관련 사항을 포함한다)	6
	총기조작	3
	총검술	5
	사격	8
	체포·호신술	5
	관찰·기록기법	3
기타(4시간)	입교식·평가·수료식	4
계		88

5) 특수경비원의 무기사용 등(경비업법 제14조)

① 특수경비업자는 특수경비원으로 하여금 배치된 경비구역안에서 관할 경찰서장 및 공항경찰대장 등 국가중요시설의 경비책임자(이하 "관할 경찰관서장"이라 한다)와 국가중요시설의 시설주의 감독을 받아 시설을 경비하고 도난·화재 그 밖의 위험의 발생을 방지하는 업무를 수행하게 하여야 한다.

② 특수경비원은 국가중요시설에 대한 경비업무 수행중 국가중요시설의 정상적인 운영을 해치는 장해를 일으켜서는 아니 된다.

③ 지방경찰청장은 국가중요시설에 대한 경비업무의 수행을 위하여 필요하다고 인정하는 때에는 시설주의 신청에 의하여 무기를 구입한다. 이 경우 시설주는 그 무기의 구입대금을 지불하고, 구입한 무기를 국가에 기부채납하여야 한다.

④ 지방경찰청장은 국가중요시설에 대한 경비업무의 수행을 위하여 필요하다고 인정하는 때에는 관할경찰관서장으로 하여금 시설주의 신청에 의하여 시설주로부터 국가에 기부채납된 무기를 대여하게 하고, 시설주는 이를 특수경비원으로 하여금 휴대하게 할 수 있다. 이 경우 특수경비원은 정당한 사유없이 무기를 소지하고 배치된 경비구역을 벗어나서는 아니 된다.

⑤ 시설주가 제4항의 규정에 의하여 대여받은 무기에 대하여 시설주 및 관할 경찰관서장은 무기의 관리책임을 지고, 관할 경찰관서장은 시설주 및 특수경비원의 무기관리상황을 대통령령이 정하는 바에 따라 지도·감독하여야 한다.

⑥ 관할 경찰관서장은 무기의 적정한 관리를 위하여 제4항의 규정에 의하여 무기를 대여받은 시설주에 대하여 필요한 명령을 발할 수 있다.

⑦ 시설주로부터 무기의 관리를 위하여 지정받은 책임자(이하 "관리책임자"라 한다)는 다음 각호에 의하여 이를 관리하여야 한다.

   1. 무기출납부 및 무기장비운영카드를 비치·기록하여야 한다.
   2. 무기는 관리책임자가 직접 지급·회수하여야 한다.

⑧ 특수경비원은 국가중요시설의 경비를 위하여 무기를 사용하지 아니하고는 다른 수단이 없다고 인정되는 때에는 필요한 한도안에서 무기를 사용할 수 있다. 다만, 다음 각호의 1에 해당하는 때를 제외하고는 사람에게 위해를 끼쳐서는 아니 된다.

   1. 무기 또는 폭발물을 소지하고 국가중요시설에 침입한 자가 특수경비원으로

부터 3회 이상 투기(投棄) 또는 투항(投降)을 요구받고도 이에 불응하면서 계속 항거하는 경우 이를 억제하기 위하여 무기를 사용하지 아니하고는 다른 수단이 없다고 인정되는 때

2. 국가중요시설에 침입한 무장간첩이 특수경비원으로부터 투항(投降)을 요구받고도 이에 불응한 때

⑨ 특수경비원의 무기휴대, 무기종류, 그 사용기준 및 안전검사의 기준 등에 관하여 필요한 사항은 대통령령으로 정한다.

〈특수경비원 무기휴대의 절차 등〉

① 시설주는 특수경비원이 휴대할 무기를 대여받고자 하는 때에는 무기대여신청서를 관할경찰서장 및 공항경찰대장 등 국가중요시설의 경비책임자를 거쳐 지방경찰청장에게 제출하여야 한다.

② 시설주는 관할경찰관서장으로부터 대여받은 무기를 특수경비원에게 휴대하게 하는 경우에는 관할경찰관서장의 사전승인을 얻어야 한다.

③ 사전승인을 함에 있어서 관할경찰관서장은 국가중요시설에 총기 또는 폭발물의 소지자나 무장간첩 침입의 우려가 있는지의 여부 등을 고려하는 등 특수경비원에게 무기를 지급하여야 할 필요성이 있는지의 여부에 관하여 판단하여야 한다.

④ 시설주는 무기지급의 필요성이 해소되었다고 인정되는 때에는 특수경비원으로부터 즉시 무기를 회수하여야 한다.

⑤ 특수경비원이 휴대할 수 있는 무기종류는 권총 및 소총으로 한다.

⑥ 「위해성 경찰장비의 사용기준 등에 관한 규정」에 의한 안전검사를 행한다.

⑦ 시설주, 관리책임자와 특수경비원은 행정안전부령이 정하는 무기관리수칙을 준수하여야 한다.

〈무기관리에 대한 지도·감독〉

관할경찰관서장은 시설주 및 특수경비원의 무기관리상황을 매월 1회 이상 점검하여야 한다.

4-5 경비협회와 관련한 제 규정

1) 경비협회(경비업법 제22조)

① 경비업자는 경비업무의 건전한 발전과 경비원의 자질향상 및 교육훈련 등을 위하여 대통령령이 정하는 바에 따라 경비협회를 설립할 수 있다.

② 경비협회는 법인으로 한다.

③ 경비협회의 업무는 다음과 같다.

    1. 경비업무의 연구

    2. 경비원 교육·훈련 및 그 연구

    3. 경비원의 후생·복지에 관한 사항

    4. 경비진단에 관한 사항

    5. 그 밖에 경비업무의 건전한 운영과 육성에 관하여 필요한 사항

④ 경비협회에 관하여 이 법에 특별한 규정이 있는 것을 제외하고는 민법중 사단법인에 관한 규정을 준용한다.

2) 공제사업(경비업법 제23조)

① 경비협회는 다음 각 호의 공제사업을 할 수 있다.

    1. 제26조에 따른 경비업자의 손해배상책임을 보장하기 위한 사업

    2. 경비업자가 경비업을 운영할 때 필요한 입찰보증, 계약보증(이행보증을 포함한다), 하도급보증을 위한 사업

    3. 경비원의 복지향상과 업무상 재해로 인한 손실을 보상하는 사업

    4. 경비업무와 관련한 연구 및 경비원 교육·훈련에 관한 사업

② 경비협회는 제1항의 규정에 의한 공제사업을 하고자 하는 때에는 공제규정을 제정하여야 한다.

③ 제2항의 공제규정에는 공제사업의 범위, 공제계약의 내용, 공제금, 공제료 및 공제금에 충당하기 위한 책임준비금 등 공제사업의 운영에 관하여 필요한 사항을 정하여야 한다.

④ 경찰청장은 제1항에 따른 공제사업의 건전한 육성과 가입자의 보호를 위하여 공제사업의 감독에 관한 기준을 정할 수 있다.

⑤ 경찰청장은 제2항에 따른 공제규정을 승인하거나 제4항에 따라 공제사업의 감독에 관한 기준을 정하는 경우에는 미리 금융위원회와 협의하여야 한다.

⑥ 경찰청장은 제1항에 따른 공제사업에 대하여 「금융위원회의 설치 등에 관한 법률」에 따른 금융감독원의 원장에게 검사를 요청할 수 있다.

4-6 보칙과 관련한 제 규정

1) 감독(경비업법 제24조)

① 경찰청장 또는 지방경찰청장은 경비업무의 적정한 수행을 위하여 경비업자 및 경비지도사를 지도·감독하며 필요한 명령을 할 수 있다.

② 지방경찰청장 또는 관할 경찰관서장은 소속 경찰공무원으로 하여금 관할구역안에 있는 경비업자의 주사무소 및 출장소와 경비원배치장소에 출입하여 근무상황 및 교육훈련상황 등을 감독하며 필요한 명령을 하게 할 수 있다. 이 경우 출입하는 경찰공무원은 그 권한을 표시하는 증표를 관계인에게 내보여야 한다.

③ 지방경찰청장 또는 관할 경찰관서장은 경비업자 또는 배치된 경비원이 이 법이나 이 법에 따른 명령, 「폭력행위 등 처벌에 관한 법률」을 위반하는 행위를 하는 경우 그 위반행위의 중지를 명할 수 있다.

④ 지방경찰청장 또는 관할 경찰관서장은 경비업무 장소가 집단민원현장으로 판단되는 경우에는 그 때부터 48시간 이내에 경비업자에게 경비원 배치 허가를 받을 것을 고지하여야 한다.

2) 보안지도·점검 등(경비업법 제25조)

지방경찰청장은 대통령령이 정하는 바에 따라 특수경비업자에 대하여 보안지도·점검을 실시하여야 하고, 필요한 경우 관계기관에 보안측정을 요청하여야 한다.

3) 손해배상 등(경비업법 제26조)

① 경비업자는 경비원이 업무수행중 고의 또는 과실로 경비대상에 손해가 발생하는 것을 방지하지 못한 때에는 그 손해를 배상하여야 한다.
② 경비업자는 경비원이 업무수행중 고의 또는 과실로 제3자에게 손해를 입힌 경우에는 이를 배상하여야 한다.

4) 위임 및 위탁(경비업법 제27조)

① 이 법에 의한 경찰청장의 권한은 대통령령이 정하는 바에 따라 그 일부를 지방경찰청장에게 위임할 수 있다.
② 경찰청장은 제11조의 규정에 의한 경비지도사의 시험 및 교육에 관한 업무를 대통령령이 정하는 바에 따라 관계전문기관 또는 단체에 위탁할 수 있다.

4-7 벌칙 및 과태료와 관련한 제 규정

1) 벌칙(경비업법 제28조)

① 제14조 제2항의 규정에 위반하여 국가중요시설의 정상적인 운영을 해치는 장해를 일으킨 특수경비원은 7년 이하의 징역 또는 5천만원 이하의 벌금에 처한다.
② 다음 각 호의 어느 하나에 해당하는 자는 3년 이하의 징역 또는 3천만원 이하의 벌금에 처한다.
  1. 허가를 받지 아니하고 경비업을 영위한 자
  2. 직무상 알게 된 비밀을 누설하거나 부당한 목적을 위하여 사용한 자
  3. 경비업무의 중단을 통보하지 아니하거나 경비업무를 즉시 인수하지 아니한 특수경비업자 또는 경비대행업자
  4. 집단민원현장에 경비원을 배치하면서 허가를 받지 아니한 자에게 경비업무를 도급한 자

5. 집단민원현장에 20명 이상의 경비인력을 배치하면서 그 경비인력을 직접 고용한 자

6. 경비업자의 경비원 채용 시 무자격자나 부적격자 등을 채용하도록 관여하거나 영향력을 행사한 도급인

7. 과실로 인하여 국가중요시설의 정상적인 운영을 해치는 장해를 일으킨 특수경비원

8. 특수경비원으로서 경비구역 안에서 시설물의 절도, 손괴, 위험물의 폭발 등의 사유로 인한 위급사태가 발생한 때에 명령복종 규정에 위반한 자

9. 경비원에게 경비업무의 범위를 벗어난 행위를 하게 한 자

③ 정당한 사유없이 무기를 소지하고 배치된 경비구역을 벗어난 특수경비원은 2년 이하의 징역 또는 2천만원 이하의 벌금에 처한다.

④ 다음 각 호의 어느 하나에 해당하는 자는 1년 이하의 징역 또는 1천만원 이하의 벌금에 처한다.

1. 시설주로부터 무기의 관리를 위하여 지정받은 책임자 즉 관리책임자의 규정 위반

2. 쟁의행위를 한 특수경비원

3. 경비업무의 범위를 벗어난 행위를 한 경비원

4. 휴대가능 장비 외에 흉기 또는 그 밖의 위험한 물건을 휴대하고 경비업무를 수행한 경비원 또는 경비원에게 이를 휴대하고 경비업무를 수행하게 한 자

5. 경찰관서장의 배치폐지 명령을 따르지 아니한 자

6. 지방경찰청장 또는 관할 경찰관서장의 중지명령에 따르지 아니한 자

⑤ 직무수행능력평가

(1) 평가기준

성취수준	수행정도	평가점수
5	해당지식과 기술을 **완벽하게 습득하여** 직무수행에 필요한 기술적인 사고력과 문제의 해결능력을 토대로 **주도적으로 완벽하게 임무를 수행**할 수 있다.	75-80
4	해당지식과 기술을 습득하여 직무수행에 필요한 기술적인 사고력과 문제의 **해결능력을 토대로 임무를 수행**할 수 있다.	70-74
3	**해당지식과 기술을 대부분 습득**하여 직무수행에 필요한 지식과 기술을 **대부분 수행**할 수 있다.	65-69
2	**해당지식과 기술을 부분적으로 습득**하여 **타인과 공동으로 직무수행**할 수 있다.	60-64
1	**해당지식과 기술이 부족함이 있어 타인의 도움을 받아야만 직무 수행**할 수 있다.	60 미만

(2) 평가문항

평가자는 다음 사항을 평가해야 한다.

- 경비계획서에 따른 경비업법 교육계획 수립능력
- 경비업의 정의와 직무의 성격에 관한 제 규정 확인 및 교육능력
- 경비업의 허가와 관련한 제 규정 확인 및 교육능력
- 기계경비업무와 관련한 제 규정 확인 및 교육능력
- 경비지도사, 경비원과 관련한 제 규정 확인 및 교육능력
- 경비업의 행정처분과 관련한 제 규정 확인 및 교육능력
- 경비협회와 관련한 제 규정 확인 및 교육능력
- 보칙과 관련한 제 규정 확인 및 교육능력
- 벌칙과 과태료와 관련한 제 규정 확인 및 교육능력
- 경비계획서에 따른 경비업법의 현장사례교육능력

02

NCS 기반
일반경비원
신임교육교재

범죄예방론

1 직무명 및 NCS 능력단위

직무명	능력단위	능력단위코드	학습모듈
01. 경호, 경비, 보안	순찰활동	1101010107_14v1	보안모듈

2 목표 및 개요

교과목개요 및 특징	[교과목개요] 　순찰활동은 설정된 경비구역을 정해진 방법에 의해 순회하면서 범죄 및 안전사고 관련 위해요소를 조사·점검하여, 범죄 및 안전사고 발생가능성을 사전에 방지하고, 순찰 중 발견한 위해요소를 제거하는 능력이다. [교과목특징] 　범죄발생이론을 이해하여 경호 경비 현장에서 범죄예방 능력을 향상하도록 함.
교육목표 (수행준거)	1.1 사전에 경비계획과 일일근무계획에 따라 안전점검사항을 확인하고 숙지할 수 있다. 1.2 정해진 순찰계획에 따라 정선순찰, 요점순찰, 난선순찰 등 순찰방법에 따라 정해진 점검리스트 등을 이용하여 순찰안전점검을 수행할 수 있다. 1.3 순찰활동 중 안전위해요소가 발견된 경우 정해진 절차에 따라 조치하되, 신속히 상급자에 보고하고 지시에 따라 조치할 수 있다. 1.4 순찰활동 중 침입자의 발견, 화재발생, 재난발생 등 우발상황이 발생하였을 경우 정해진 절차에 맞추어 대응하되, 긴급을 요하는 경우 선조치 후 보고할 수 있다. 2.1 순찰활동 후 인지한 사실과 이상 징후, 이전상황과 다른 점 등이 발견되었을 경우에는 순찰일지에 육하원칙에 따라 세부적으로 기재할 수 있다.

	2.2 순찰활동 중 발생한 우발상황을 즉각 조치한 경우 조치상황을 즉시 정해진 보고라인에 보고하고, 후속조치를 행할 수 있다. 2.3 순찰활동 후 인지한 사실과 조치내용은 교대근무자에게 인수인계할 수 있다. 2.4 순찰활동 후 인지한 특이사항이나 즉응조치사항에 대해 모든 근무자들과 함께 평가하고 이에 대한 해결방안을 도출할 수 있다.
교육내용	순찰안전점검하기/점검사항 조치하기

장비 및 도구	NCS능력단위	자체능력단위
	• 순찰함/손전등/통신장비(무전기)/경적/순찰수단(자전거, 오토바이, 차량 등 필요에 따라)	• 시청각 장비 (교재, 법전, 빔, 컴퓨터, 동영상자료 등)

교수학습방법	이론강의	실습	발표	토론	팀프로젝트	캡스톤디자인	포트폴리오	기타
	O							O

평가방법	A	B	C	D	E	F	G	H	I	J	K	L	M
			O			O	O						

A.포트폴리오 B.문제해결 C.서술형시험 D.논술형시험 E.사례연구 F.평가자질문
G.평가자체크리스트 H.피평가자체크리스트 I.일지/저널 J.역할연기 K.구두발표
L.작업장평가 M.기타

교육정보	국가직무능력표준(NCS)

③ 진단평가

(1) 개   요

학습자 스스로가 학습 출발점을 알고 자기주도형 학습이 가능하도록 체크리스트를 활용해 학습진단을 할 수 있도록 한다.

(2) 평가내용

영역 (능력단위요소/코드)	진단문항	자가진단		
		우수	보통	미흡
공통기초	• 본인의 문서이해능력은 어느 정도인가?			
	• 본인의 경청능력은 어느 정도인가?			
기초내용강화하기	• 본인의 순찰안전검검에 대한 이해의 정도는?			
	• 본인의 점검사항 조치에 대한 이해 정도는?			

(3) **평가시기** : 1교시

(4) **평가방법** : 자가진단평가를 활용

(5) **평가 시 고려사항** : 진단평가 결과는 교육평가에 반영되지 않으므로 학습자가 솔직하게 문항에 응답하고 자신의 학습상태를 확인해 볼 수 있도록 지도한다.

(6) **평가결과 활용계획** : 수업운영 및 교육생 상담 등에 활용한다.

 교과내용

4-1 **범죄예방의 의의**

① 범죄예방 : 범죄로부터 안전을 담보하는 활동
② 안전 : 개인 생명, 신체, 재산을 보호하는 포괄적 개념
③ 소극적 안전 對 적극적 안전
     Safety & Security
  (개인의 평온) & (국가의 안전보장)

4-2   안전의 접근방법

① 범죄로부터 안전
② 교통사고로부터
③ 테러로부터
④ 불량식품
⑤ 보건위생
⑥ 전기, 가스

4-3   안전의 추진기법

① 법률, 조례제정
② 교육, 홍보
③ 환경조성
④ CCTV 등 공학

4-4   범죄예방이론

개념 : 범죄의 실질적 발생과 국민의 범죄의 두려움으로부터의 감소를 위한 계획된 행
동이다.
국가, 형사사법기관, 개인과 단체 등의 통합적이고 적극적 활동이 요구된다.

1) 상황적 범죄예방

• 사람이란 합리적 선택(이익이 되는 기회를 선택하여 행동함)

- 범죄자가 범행을 결심하게 되는 계기는 그가 놓인 상황
- 범죄의 위험성, 범행에 따른 손해를 키움, 범죄유혹이나 자극 감소, 잠재적 범죄자의 범행의도 차단

2) 합리적 선택이론

- 상황이론과 비교할 때 개인의 행위결심 동기에 주목한 이론
- 즉, 범죄행위란 범죄자의 합리적 의사결정의 산물이라는 입장
- 선택(이익이 되는 기회를 선택하여 행동함)
- 그 대책은 범죄의 위험성, 범행에 따른 손해를 키움, 범죄유혹이나 자극 감소, 잠재적 범죄자의 범행의도 차단

3) 생활양식이론

- 사람들의 일상 생활양식에서 범죄노출이 범죄발생을 높임
- 개인의 생활양식에 영향을 미치는 요소 – 소득(경제력), 성별, 나이, 지역 등
- 상응집단 – 비행집단 소년
- 근접성 – 가까운 거리 혹은 유사환경
- 일탈장소 – 범죄다발지역, 직장, 유흥시설 등 일상생활상 대인간 접촉빈발지역

4-5 범죄예방 전략

1) 범죄발생 필요충분조건

범죄를 사전에 미리 예방하기 위해서는 어떻게 해야 하는 것일까? 먼저 범죄의 원인을 분석하여야 한다. 범죄자가 어떠한 경우에 범죄를 범하게 되고 어떠한 경우에 범행에 대한 결심을 포기하게 되는지를 분석해야 한다.

범죄의 원인을 설명하려는 많은 이론들이 있지만, 이들을 면밀히 분석하면 대부분의

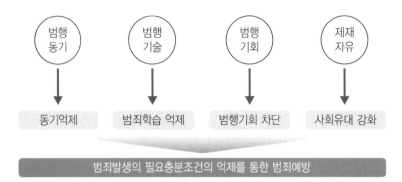

이론이 범행의 동기(motivation), 사회적 제재로부터의 자유(freedom from social constraints), 범행의 기술(skill), 그리고 범행의 기회(opportunity)라는 네 가지 중요한 요소를 가지고 범행을 설명하는 것으로 알려지고 있다. 즉, 범죄는 범행의 의지를 가지고, 사회로부터 아무런 제재를 받지 않아서 자신의 자유의사대로 행동할 수 있으며, 범행할 수 있는 능력과 기술을 가진 사람에게 범행할 수 있는 기회가 주어질 때 실행될 수 있다는 것이다. 그런데 상호배타적으로 개념화된 이들 네 가지 요소의 하나하나는 범행에 있어서 필요한 조건이지만 충분조건은 되지 못하기 때문에 어떠한 범행이 가능하기 위해서는 이들 요소가 동시에 상호작용하지 않으면 안 된다. 즉, 범행의 동기가 필연적으로 범행을 유발시키는 것은 아니며, 사회적 제재로부터 자유롭다고 반드시 범행이 가능한 것도 아니며, 또한 동기와 자유가 있어도 범행의 기술과 기회가 없다면 중요한 것이 되지 못하는 것이다.

즉 위에서 언급한 바와 같이 우리는 범죄로부터 미리 예방하기 위해서는 범행의 필요충분조건인 범행의 동기(motivation), 사회적 제재로부터의 자유(freedom from social constraints), 범행의 기술(skill), 그리고 범행의 기회(opportunity)를 사전에 억제하거나 차단하여 범죄자로부터 매력적인 범행의 대상이 되지 않음으로써 범행의 포기를 이끌어 내야 할 것이다.

2) 합리적 선택이론에 의한 생활수칙

이러한 관점에서 범죄를 예방하기 위해서는 어떻게 해야 하는가?

범죄를 예방하는 것은 우리사회에서 아주 간단하고도 단순한 우리 일상생활 속에

합리적 선택이론에 기인한 범죄예방

늦은 밤 귀가시   주거공간에서의 수칙

휴대폰 수칙   **나의 생활수칙**   과음 또는 지나친 노출

정확한 의사표시   택배 등 낯선 사람의 방문

서의 생활수칙을 통해서 예방할 수 있는데, 일상생활에서의 범죄예방 수칙으로는 첫째, 주거공간에서의 수칙이다. 혼자 사는 여성의 경우 베란다에 여성의 옷만을 걸어 놓기보다는 남성의 옷을 함께 걸어 놓음으로서 여성만이 살고 있다는 이미지를 없애고, 오래된 신문이나 우유 등이 현관문 앞에 쌓이게 함으로써 오랫동안 집이 비어 있다는 이미지를 주면 안 된다. 또한 현관문 앞에 「CCTV 설치지역」이라는 문구를 통해 감시효과를 극대화 시키는 것 또한 좋은 방법이다.

둘째, 늦은 밤 귀가시 수칙이다. 늦은 밤 귀가시 조금 돌아가더라도 가로등이나 사람들의 왕래가 많은 길을 이용하고, 지름길이라는 이유로 감시효과가 전혀 없는 길을 이용하면 안 된다. 또한 늦은 밤 택시를 이용하는 경우가 많은데, 택시를 이용할 때는 일행이 택시번호를 확인한다거나 택시 안에서도 전화통화를 하는 등 자신의 동선을 다른 사람이 알고 있다는 것을 타인으로 하여금 인식시켜 줘야 한다.

셋째, 지나친 과음이나 노출의 삼가이다. 지나친 과음으로 자신의 판단력을 흐리게 한다든지 몸을 가눌 수 없을 정도로 만취한 경우에는 범죄자로 하여금 매우 매력적인 대상으로 작용할 수 있으므로 지나친 음주는 삼가해야 하며, 연구결과에 따르면 지나친 노출 또한 성범죄 원인의 절대적인 원인은 아니지만 성욕을 자극할 수 있는 요소로 작용한다고도 볼 수 있다.

넷째, 택배 등 낯선 사람의 방문에 대한 수칙이다. 택배나 음식의 배달 등으로 낯선 사람이 집에 방문할 경우 혼자 있을 때에는 현관문 앞에 두고 가라고 한다든지 집안에 본인 외에 다른 사람이 함께 있다는 것을 인식시키기 위해 예를 들어 "아빠 혹은 오빠가 나가서 받아"라고 혼자 중얼거리며 다른 사람이 함께 있다는 것을 인식시켜야 한다.

다섯째, 정확한 의사 표시이다. 특히, 성범죄나 학교폭력의 경우에 정확한 의사표시를 하지 않아 상대방의 묵시적 동의가 있다고 오인하고 계속적으로 범행을 저지르는

경우가 많은데, 정확한 의사표시로 자신의 의사를 분명히 해야 한다.

여섯째, 휴대폰 수칙이다. 휴대폰의 단축번호 1번에는 112 신고번호를 저장해 둠으로써 범행 발생시 단축번호를 이용해 자신의 위치를 범죄자의 시선을 피해 쉽게 신고할 수 있는 장치 를 미리 마련해야 한다. 또한 휴대폰 고리에 조그마한 호루라기 를 달아 위험발생시 호루라기를 불어 자신의 위험을 다른 사람 에게 알리는 방법도 좋은 방법이다.

범죄는 형사사법기관의 꾸준한 노력에도 불구하고, 인류가 존재하는 한 계속적으 로 발생해 온 것이 사실이다. 범죄발생에 대한 심각성을 인지하고, 스스로 범죄자에게 매력적인 존재가 되지 않게 하기 위해서 자기 자신의 생활수칙에 조금만 관심을 가져 범죄로부터 안전하고 행복한 삶을 영위하여야 한다.

3) 가정·학교·지역사회·국가의 역할

(1) 가 정

가정은 사람이 세상에 태어나게 되면서 제일 처음에 접촉하는 제1의 생활공간이고 안식처이다. 특히 소년범의 대부분은 가정 문제로 발생한다고 한다. 따라서 가정의 역 할은 무엇보다 중요하며, 청소년 비행의 예방에 일차적인 책임과 의무가 있다고 볼 수 있다. 또한 가정은 그 구성원 사이에서 신뢰감과 애정, 정신적 요소를 서로 협조하며 살아가는 혈연집단이며, 부모는 자녀에게 사회화와 인격형성에 막대한 영향을 미치며 부모의 가치관이 전승되는 곳이다. 그러므로 오늘날에 청소년이 갖고 있는 개인적인 문 제, 사회적인 문제는 그들이 속한 가정문제에 기인하는 것이라고 할 수 있다.

(2) 학 교

비행청소년의 문제는 그 심각성을 비롯하여 한국 교육의 전반적 위기와 정체성 문 제에 관하여도 논의가 확산되어지고 있다. 학생들의 일탈이 점차 집단화하고, 일상화하 고 있다. 이에 대해 현장의 교육자들뿐 아니라 학부모나 학생 자신들 스스로도 위기의 식을 느끼기에 이르렀다. 학교 내에서 교사를 폭행한다거나 집단폭력을 행하는 것, 약 물사용 및 가출, 성폭력 등의 소위 학교붕괴 현상들은 과거에서부터 내재되어 있었던 우리나라 학교교육의 구조적 모순이 표출된 것이라고 할 수 있다.

학교 부적응으로 비행이 유발되기 때문에 전인교육이 필요하다. 학교에선 수업에만 치중하는 것이 아니라 학생들 개개인이 직면하고 있는 특수한 문제에 대해 관심을 가지고 지도하는 대안학교를 신설하고 육성하여야 한다. 교사는 물론이거니와 학교에서는 상담과 학교의 사회사업제도를 활용하여 학교나 가정, 지역사회 사이의 관계를 조정하는 것을 통하여 비행예방에 힘을 써야 한다.

(3) 사 회

가. 청소년들의 가족복지정책의 확립이 필요

가족의 물질적인 토대를 보장하기 위해서는 가족수당 혹은 각종 소득공제나 세액공제 등을 확충하여야 하고, 주택정책을 통하여 청소년 자녀나 노인부모를 포함한 3대 가족이 함께 거주하여 생활할 수 있는 제도적인 지원이 필요하다.

또한 가족 구성원들의 구체적인 문제에 대하여 가족복지의 서비스, 가족상담, 가족치료 등 다양한 프로그램이 공공기관과 민간기관을 통하여 제공될 수 있게 제도적인 체계화를 확립해야 한다.

나. 사회복지 프로그램 도입

인간성의 완성보다는 무한한 경쟁을 요구하는 성적, 입시 위주 교육은 열등자와 탈락자를 만들어내는 위험한 제도라고 할 수 있다. 따라서 정상적 사회화를 위하여 교육적 차원에서의 사회복지 프로그램 도입이 반드시 필요하다.

다. 불평등 완화 복지국가정책 도입

불평등의 완화, 절대빈곤의 해소를 위해 국가적 복지정책들이 도입되어야 한다. 불평등에 수반되어지는 빈곤은 청소년이 건전하게 발달되는 것에 해를 미치는 환경을 제공하기 때문에 청소년 비행의 구조적인 요인으로 큰 영향을 끼치게 된다. 또한 과도하게 부유한 가정의 경우에도 청소년의 삶을 불건전하게 유도할 수 있기 때문에 바람직하지 못하다고 할 수 있다(배영길, 2001: 57).

비행청소년을 사후적으로 대처하는 방법을 교정 복지라고 한다. 교정 복지라는 것은 소년 범죄인이나 비행청소년을 개선하거나 교화시키는 것으로써 재범의 발생을 방지하고 이들을 재사회화의 도모를 하기 위한 공공 차원 및 민간적 차원의 조직적인 활동이다.

청소년 비행은 성인의 비행과 달리 다른 특성을 갖고 있다. 청소년기의 과도기적인 특성으로 인해 우발적이며 충동적인 비행이 잦고, 자유의지에 따라서 저지르는 비행보다는 주변 환경의 영향을 받아 저지른 비행이 많으며, 성인비행에 비해 범인성이 적기 때문에 처벌을 위주로 한 교정보다 교화개선의 가능성이 높다.

우리나라에서는 현재 아동상담소나 사회복지기관, 가정복지기관 등이 있으나 전문적인 수준을 수행하기에는 많은 제한점과 한계점을 지니고 있다. 특히, 비행이 예측되어지는 청소년에 대해 개별적인 지도나 상담 프로그램 등이 효과적으로 전개될 수 있어야 하고, 법원 등에서 청소년의 심리치료 활동이 시급히 개발되어야 할 문제이다. 또한 내적 심리 분야의 치료기술을 활용하여 청소년들의 심각한 문제나 비행을 사전에 예방하여야 한다.

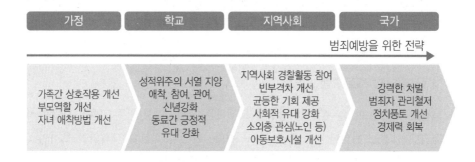

4) 범죄예방대책

(1) 가 정

가. 청소년들의 건전한 성장에 기여할 수 있는 가정환경 조성

청소년의 문제행동은 정신적인 고민과 내재되어 있는 불안감 등에서 나타나는 것인데 이러한 것들을 없애줄 수 있는 한 가지의 방법은 서로간의 대화이다. 청소년은 부모, 학교 교사보다는 자신의 친한 친구들에게 마음을 열어 이야기를 하는 편이지만 가정문제로부터 생긴 고민은 어느 누구에게도 이야기하는 것을 꺼려하게 된다. 부모에게 받은 스트레스는 부모를 통해 해소시키는 것이 가장 바람직한 방법이며, 이것은 대화만을 통해 문제의 해결이 가능하게 된다는 것이다.

나. 부모의 교육을 통한 가정강화

'문제가 있는 부모에게는 문제의 아동이 있다'라는 말과 같이 비행청소년들의 배경에는 비행을 유발하게 하는 부모가 있으며, 그 부모들의 무관심이나 무책임, 무능력 등이 비행 유발의 중요 요인으로 작용한다. 부모들은 급속하게 변화하는 사회를 따라 젊은 세대를 이해하고 용납하며, 육성하는 지도력이 점차 상실되고 있다. 부모들의 기준으로 행하는 강압적인 행동들은 청소년들에게는 오히려 반항심과 일탈을 조장하게 한다. 따라서 젊은 세대들에게 행해지는 교육 못지않게 부모들에게도 이들을 위한 각종 사회교육 프로그램 등이 반드시 개발되어야 한다.

다. 경제원조를 통한 가정의 강화

비행의 예방에는 경제적인 안정을 위해서 결손가정의 원조가 반드시 필요하며 선행되어야 한다. 소년원에서의 재소자 과반수는 저소득 계층 자녀들이다. 국민기초생활보장법 및 아동복지법 등을 통해 부양아동에 대해 적절한 보호를 해야 하며, 사회복지기관을 통한 가정복지의 서비스도 적극적으로 시행되어야 한다.

라. 문제 있는 가족에 대한 상담

최근 들어 비행청소년이 속해 있는 문제가족에는 부모가 건재하고, 경제적인 어려움도 없는 가정의 비율이 증가하고 있다. 이러한 현상들이 나타나는 이유는 경제적인 문제보다는 부모와 자녀간의 애정관계나 가정교육, 또는 가족의 기능상 문제 등이 증가하고 있기 때문이다. 따라서 정신과 의사나 사회복지사 및 심리상담가 등을 통하여 가족상담과 치료가 적극적으로 이루어져야 한다.

(2) 학 교

가. 학습지도와 생활지도가 조화로운 교육 실시

학교교육의 바람직한 형태는 '교(校)'라는 기능의 생활지도, '육(育)'이라는 기능의 상호보완적인 유기적 관계를 유지하며 균형과 조화를 이루어야 한다. 전인적 교육은 교화활동, 특별활동, 학습지도 및 생활지도의 어느 한편으로 치우치는 것 없이 서로 보완적 관계를 유지하는 교육이기 때문이다. 또한 입시위주 주입식 교육을 지양하고, 개인의 재능과 적성에 맞게 창의성을 개발한다든가 가치관정립 교육을 균형 있게 성장·발달케 하는 전인적 교육이 요구된다.

나. 청소년의 문제에 관련하여 전담 상담실 운영 및 상담원 배치

교내 외에서의 생활지도의 내실화로 학생을 선도하는 것과 학생들의 진로문제나 인생문제, 또는 정서적 문제 등 학생들이 직면하는 각종의 어려운 문제에 귀 기울여주고, 해결에 도움을 줄 수 있는 상담실과 상담원 배치의 운영이 요구된다.

(3) 사 회

가. 유해환경 정화

감수성이 예민한 청소년들은 사회의 환경에 크게 영향을 받는다. 청소년들이 성인 모방심리 유혹에 쉽게 빠져들지 못하도록 각종 불건전 유흥업소, 퇴폐 오락시설 등의 정화가 필요하다.

나. 매스미디어의 사회적 교육의 기능 재고와 역기능의 최소화

일부 매스미디어에서는 청소년 교육적 측면을 외면한 채로 자신의 본분에서 벗어나 저속하고 선정적 내용을 제작하고 출판, 그리고 방영함으로써 청소년의 호기심이나 모험심 또는 모방심을 자극하고 범죄 수단의 기술에 대하여 가르쳐 주거나 혹은 범죄를 촉진하기도 한다. 따라서 선정적 음란물이나 폭력물에 대해 과감한 단속과 함께 각 단체의 자율적 노력이 필요하다고 본다. 또한 매스컴에서 청소년을 위한 유익한 내용을 만들 수 있도록 하는 강력한 자체적 정화가 이루어져야 한다고 본다.

다. 기성세대 의식의 순화

청소년의 눈에 비추어 지는 성인사회에서는 부패와 향락의 과정이 이뤄지고 있으며, 기성세대들은 부정부패를 일삼으며 자신의 자녀들에게 듣지도 말고 보지도 말라는 강요를 할 때, 청소년들의 마음 속에는 불신, 반항의 의식이 나타나는 사실을 감안하여 행동에 대한 모범을 보이는 것과 동시에 청소년들 비행성 행동을 방관하지 않고 어디서나 내 자녀와 같이 지도가 가능한 적극적 자세가 필요하다.

라. 지역사회를 통한 관여

지역사회를 통하여 관여하는 것은 총 세 가지로 생각해 볼 수 있다.

첫째, 지역사회를 조직화하는 것으로 비행의 지역이나 집단, 혹은 비행의 문화·윤리 등을 제거하기 위해서 그 지역사회의 전체의 노력과 체제가 필요하다고 할 수 있다. 비행원인의 가능성이 지역 내에서 있다고 밝혀진다면 주민, 지역단체, 지역과 관계있는 전문가들이 협력하여 해결과 예방에 대해 관심을 갖고, 그 지역의 자원의 연락조정을 통해 비행예방대책을 강구하여야 한다.

둘째, 사회구성원의 행동으로서 지역사회 내에서 민간기관 혹은 주민단체들이 청소년들의 비행을 유인하게 하는 사회 환경 정화에 적극적으로 나서야 한다.

셋째, 특정지역의 근접을 통해 예방하는 것이다. 이는 특정 비행지역의 사회 내에서 상호책임감을 발전시키려는 것을 말한다. 또한 비행의 요인을 안고 있는 지역사회 자체가 그 자생적인 내적 결합력 개발을 통해 문제를 해결할 수 있어야 한다는 것이다.

(4) 강력한 처벌

한국에서의 처벌수준은 여러 가지 양형사유를 들어 상당히 처벌이 약하기 때문에 범죄는 나날이 늘고 사회는 불안해져 범죄에 대한 두려움이 증가하고 있다는 주장이 제기되고 있다.

특히 한국은 사형제도는 있지만 과거 20년이 지나도록 사형을 집행한 적이 없다. 사람의 탈을 쓰고는 상상할 수 없는 끔찍한 토막살인을 해도 사형은 없다. 이들은 사형 대신 종신형이지만 언젠가는 풀려 나올 수도 있다는 공포에 오히려 피해자 유가족들이 불안에 떨고 있다.

사형집행이 있고 없는 데는 끔찍한 범죄예방에 큰 차이가 있다고 믿기 때문에 인간의 권리를 가장 존중한다는 미국에서도 1년에 수십명씩 사형을 집행한다. 살인마들은 자신도 죽을 수 있다는 공포가 있는 한 범행을 주저할 수도 있다는 조사결과 때문이다. 아직도 세계 58개국은 계속 사형제도를 유지하고 있다.

5) 모방범죄 예방

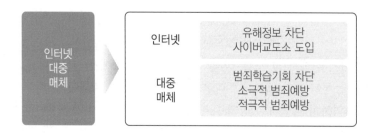

현대사회가 다원화되고, 폭력적 미디어가 홍수처럼 만연함에 따라 모방범죄 역시 하나의 사회문제로 인식되게 되었다.

모방범죄의 원인으로 영화, TV의 프로그램, 언론의 사실적인 범죄보도, 인터넷 게임 등 미디어의 영향력을 들 수 있다.

사회적으로 반향을 일으킨 사건에서는 범행동기를 모방한 경우가 많으며, 범행수법이 매우 상세히 묘사된 영화, 폭력이나 범죄를 미화시킨 영화를 모방한 사례가 증가하고 있다.

우리나라에서 발생하는 모방범죄를 억제하고 미디어의 악영향을 감소시키기 위하여 미디어의 폭력 및 범죄수준에 대한 적절한 통제가 필요하고, 미디어를 소비하는 시민들 역시 올바른 판단력을 배양할 수 있는 적절한 교육이 요청된다.

5 직무수행능력평가

(1) 평가기준

성취수준	수행정도	평가점수
5	해당지식과 기술을 **완벽하게 습득하여** 직무수행에 필요한 기술적인 사고력과 문제의 해결능력을 토대로 **주도적으로 완벽하게 임무를 수행**할 수 있다.	75–80
4	해당지식과 기술을 습득하여 직무수행에 필요한 기술적인 사고력과 문제의 **해결능력을 토대로 임무를 수행**할 수 있다.	70–74
3	**해당지식과 기술을 대부분 습득**하여 직무수행에 필요한 지식과 기술을 **대부분 수행**할 수 있다.	65–69
2	**해당지식과 기술을 부분적으로 습득**하여 **타인과 공동으로 직무 수행**할 수 있다.	60–64
1	**해당지식과 기술이 부족함이 있어 타인의 도움을 받아야만 직무 수행**할 수 있다.	60 미만

(2) 평가문항

평가자는 다음 사항을 평가해야 한다.

- 안전점검요소의 이해정도
- 안전점검리스트 작성능력
- 순찰유형별 순찰수행능력
- 순찰방식의 장·단점에 대한 이해
- 순찰보고서 작성요령
- 특이사항 발견 시 초동대처요령의 이해정도
- 특이사항 발견 시 보고요령의 수행능력

03

NCS 기반
일반경비원
신임교육교재

시 설 경 비 실 무

03
시설경비실무

① 직무명 및 NCS 능력단위

직무명	능력단위	능력단위코드	학습모듈
01. 경호, 경비, 보안	경계방비	1101010104_14v1	보안모듈

② 목표 및 개요

교과목개요 및 특징	**[교과목개요]** 경계방비란 경비대상시설 또는 경비구역에 대한 침입 및 안전사고발생을 사전에 예방하기 위해 인력이나 침입감지센서, CCTV 등의 기계경비시스템, 그리고 철조망, 차폐물, 방범펜스, 조명 등의 설비를 통해 침입을 감시하고 방지하는 능력이다. **[교과목특징]** 시설경비의 중요성에 대한 이해를 바탕으로 그 실행요령과 국가중요시설에 대한 방범평가 및 시설보안의 지원환경을 이해하도록 한다.
교육목표 (수행준거)	1.1 경비계획과 일일근무계획에 따라 경비대상시설이나 경비구역의 중점경계요소를 파악할 수 있다. 1.2 중점경계요소는 인적경계요소와 물적경계요소로 구분하여 운용하되, 미리 각 요소별 경계요소를 확인하고 체크리스트를 작성할 수 있다. 1.3 경계업무를 수행하는 경비원 간의 책임분장과 책임구역을 명확히 설정하되, 책임구역은 상호 중복되게 설정하여 수행할 수 있다. 1.4 경비초소운용 시 적외선 관측장비나 통신장비 등을 운용할 수 있다. 1.5 순찰팀이나 출입통제팀과의 협력활동을 할 수 있다.

	1.6 경계활동 중 경비구역내에서 의심자를 발견한 경우 정해진 절차에 따라 질문 후 상급자나 관련기관에 신속히 보고 및 신고한 후 지시에 따라 조치할 수 있다. 1.7 경계활동 중 화재나 재난상황을 발견한 경우 정해진 절차에 따라 신속히 보고 및 신고조치한 후 현장확인, 초동조치, 상황전파, 대피유도 등의 조치를 취할 수 있다. 1.8 경계활동 중 예기치 못한 공격이나 침입행위가 인지되고, 긴급성을 요하는 경우 정해진 절차에 따라 선 조치 후 상급자나 관련기관에 보고할 수 있다. 1.9 경계활동 중 인지된 사실에 대해서는 일지에 기록하여 정리한 후 다음 근무자에 인계할 수 있다.
	2.1 경비계획에 따라 경비대상시설이나 경비구역의 중점경계요소를 파악할 수 있다. 2.2 중점경계요소의 유형 및 특성에 따라 인적경계요소와 물적경계요소로 구분하여 운용하고 각각의 특성에 맞는 방비책을 강구할 수 있다. 2.3 중점경계요소 중 시각적인 감시를 요하는 장소에는 CCTV를 설치하여 운용할 수 있다. 2.4 중점경계요소 중 시각적인 감시가 어렵거나 정밀한 침입감지를 요하는 장소에는 침입감지센서 등을 설치하여 운용할 수 있다. 2.5 경비시설이나 구역의 어두운 지역이나 사각지대에는 보안등이나 조명시설 등을 설치하여 운용할 수 있다. 2.6 경비대상시설의 정문이나 차량출입구 등 차량에 의한 직접적인 공격이나 침입이 예상되는 장소에는 바리케이드와 같은 차단시설을 설치하여 운용할 수 있다. 2.7 경비대상시설이나 구역의 외곽지역에는 철조망이나 펜스, 담 등을 설치하여 운용할 수 있다. 2.8 경비대상시설의 창문이나 하수구, 옥상출입문 등과 같은 외부로 부터의 침입이 가능한 지역에는 방범펜스나 시건장치 등의 침입대비책을 강구할 수 있다. 2.9 설치된 침입방지 또는 방호시설에 대해서는 주기적인 점검을 통하여 정상적인 기능을 유지할 수 있다.
교육내용	경계활동하기/방비활동하기

장비 및 도구	NCS능력단위	자체능력단위
	• 기계경비시스템(침입감지센서, CCTV 등) 바리케이드, 차량차단장치, 보안등, 조명장치, 펜스, 철조망, 방범망, 시건장치	• 시청각 장비 (교재, 법전, 빔, 컴퓨터, 동영상자료 등)

교수학습방법	이론 강의	실습	발표	토론	팀 프로젝트	캡스톤 디자인	포트폴리오	기타
	○							○

	A	B	C	D	E	F	G	H	I	J	K	L	M
			○			○	○						

평가방법
A.포트폴리오 B.문제해결 C.서술형시험 D.논술형시험 E.사례연구 F.평가자질문
G.평가자체크리스트 H.피평가자체크리스트 I.일지/저널 J.역할연기 K.구두발표
L.작업장평가 M.기타

교육정보 국가직무능력표준(NCS)

③ 진단평가

(1) 개　요

학습자 스스로가 학습 출발점을 알고 자기주도형 학습이 가능하도록 체크리스트를 활용해 학습진단을 할 수 있도록 한다.

(2) 평가내용

영역 (능력단위요소/코드)	진단문항	자가진단		
		우수	보통	미흡
공통기초	• 본인의 문서이해능력은 어느 정도인가?			
	• 본인의 경청능력은 어느 정도인가?			
기초내용강화하기	• 본인의 시설경비와 관련된 제반 규정에 대한 이해의 정도는?			
	• 본인의 시설경비수행에 대한 이해 정도는?			

(3) 평가시기 : 1교시

(4) 평가방법 : 자가진단평가를 활용

(5) 평가 시 고려사항 : 진단평가 결과는 교육평가에 반영되지 않으므로 학습자가 솔직하게 문항에 응답하고 자신의 학습상태를 확인해 볼 수 있도록 지도한다.

(6) 평가결과 활용계획 : 수업운영 및 교육생 상담 등에 활용한다.

④ 교과내용

4-1 시설경비의 의의

1) 시설경비의 개념

시설경비란 경비대상시설에서의 도난, 화재 그 밖의 혼잡 등으로 인한 위험발생을 방지하는 업무를 말한다. 즉, 산업시설, 공공시설, 흥행장, 주택, 빌딩, 창고, 주차장, 행사장, 유원지, 차량, 기타 경비를 필요로 하는 시설 및 장소에서 혼란 및 혼잡, 화재, 도난 등으로 인한 위해 발생을 방지하는 경비 업무이다. 시설물에 대한 경비 업무의 수행은 오늘날 경비 산업에서 가장 많이 행하여지고 있는 경비서비스이다. 경비 업무의 수행에 있어서 경비원 직무의 일부만을 범죄와 관련되어 있고 상당부분이 일반적인 경비관련 서비스의 제공으로 이루어져 있다.

우리나라 경비업법 제2조에서는 경비업의 개념을 정의하고 있는데 그 내용으로는, 경비업이라 함은 시설경비, 호송경비, 신변보호, 기계경비, 특수경비 업무의 전부 또는 일부를 도급받아 행하는 영업을 말한다고 정의하고 있으며 그 중에서 시설경비업무란 앞서 설명했듯이 경비를 필요로 하는 시설 및 장소(이하 '경비대상 시설'이라 한다)에서의 도난, 화재, 그 밖의 혼잡 등으로 인한 위험발생을 방지하는 업무라고 정의하고 있다.

2) 시설경비원의 역할

시설경비원의 주된 역할은 다음과 같다.

첫째, 시설물에 대한 물리적 보호
둘째, 시설물에 대한 접근 통제 및 감시
셋째, 차량 등의 교통 통제 및 분실 방지
넷째, 일반적인 회사의 규칙준수 이행 등이다.

시설경비원의 근무 자세는 업무에 대한 깊은 지식과 주위 사람들에 대한 배려를 필요로 하는 강한 책임감을 가지고 임무를 수행해야 하며, 남다른 사명감을 가지고 근무에 임하여야 한다. 또한 경비대상시설에 대한 보안을 유지하여 시설의 안전을 위한 보안의식과 자기역할과 임무를 인식하고 조직전체의 목표를 달성하기 위하여 다른 구성원과의 협력을 통한 협조의식을 가지고 근무에 임해야 한다.

시설경비에 있어서 시설경비원에 대한 책임지역이 구분되어야 한다. 이를 위해 책임지역을 가까운 지역으로부터 먼 지역으로 구분을 하게 되는데 가까운 인접을 근접지역이라 하며, 근접지역은 경비원이 있는 가까운 시야의 지역으로 하며, 중간지역은 건물이 있는 시설물의 울타리 경계선 이내로 한다. 또한 외곽지역은 중간지역의 범위를 벗어난 지역으로 구분하여 근무자인 경비원이 근무 시 책임지역을 명시하여 근무에 임하되 명확한 책임으로 근무할 수 있는 지역을 명시해야 한다.

3) 시설경비원의 법적 지위

현행 경비업법상 경비업법 제2조 제3항에 의거 경비원이라 함은 제4조 제1항의 규정에 의하여 경비업의 허가를 받은 법인(이하 '경비업자'라고 한다)이 채용한 고용인으로서 일반경비원은 시설경비, 호송경비, 신변보호, 기계경비업무를 수행하는 자를 말하고, 특수경비원은 특수경비업무를 수행하는 자를 말한다. 경비업에 대한 규율은 경비업법에 특별한 규정이 있는 것을 제외하고는 민법 중 사단법인에 관한 규정을 준용하고 있다. 이렇게 볼 때 민간경비에 관한 규율은 사법적으로 해결하고 있어 시설경비원의 법적 지위 또한 사인으로서의 지위에 불과하다고 할 수 있다. 시설경비원에 의해 이루어지는 범인체포 등의 행위는 형법 제276조의 체포감금죄를 구성하게 된다. 왜냐하면 시설경비원은 사인에 불과하기 때문이다. 다만, 어떤 행위가 범죄의 구성요건에 해당하더라도 위법하지 않기 때문에 범죄가 성립하지 않는 경우, 즉 형법상 위법성조각사유일 경우에는 그러하지 아니하다고 할 수 있다. 또한 현행범 체포는 누구나 할 수 있기에 가능하며 사인(私人)이지만 경찰업무 중 수행하기 때문에 일반인과는 다른 책임을 사회로부터 요구받고 있다. 시설경비원은 경비 업무를 수행함에 있어 경비대상시설의 소유자 또는 관리자(시설주)의 관리권 범위 안에서 경비 업무를 수행해야 하며, 다른 사람의 자유와 권리를 침해하거나 그의 정당한 활동에 간섭하여서는 안 된다.

4-2   시설경비의 실행

1) 경비계획 수립

(1) 경비계획의 필요성

일반적으로 시설물은 내부 이용자들을 만족시키기 위해 많은 것들을 필요로 한다. 시설물에 필요한 여러 요소들은 건축가에 의해 설계되는데, 진작 중요하게 다루어져야 할 안전요소에 관한 사항들은 소홀하게 다루어지는 경향이 있다. 즉, 경비에 대한 지식을 가지고 있는 건축가가 거의 없기 때문에, 내외부 침입자를 예방하고 억제할 수 있는 건물을 설계하지 못한다. 한편, 건물의 고객들 스스로도 설계단계에서 경비 문제를 거의 고려하지 않기 때문에 건물은 범죄에 무방비 상태로 노출되어 있다. 따라서 시설물의 효과적인 경비를 위해서는 전체적인 경비시스템을 위한 단계적이고 주의깊은 경비계획(Planning)이 필요하다.

이와 같이 경비계획은 시간적으로는 단기적 상황에서 장기적 측면까지 고려해야 하고, 내용적으로는 단순한 개념에서 복잡한 개면까지 염두해 둘 필요가 있다. 경비계획 범위의 수립에 있어서도 경비부서적인 것에서 회사 전반적인 상황 파악까지 중요하게 다루어져야 한다.

(2) 경비계획수립 기본원칙

시설물 등 경비대상에 대한 경비계획을 수립하는 데 있어서 항상 고려해야 할 기본적인 원칙들이 있으며 그 원칙은 아래와 같다.

① 경계구역과 건물출입구 수는 안전규칙 범위 내에서 최소한으로 유지되어야 한다.
② 유리창이 지면으로부터 일정한 높이 이내에 설치되어 있는 경우(약 4m 이내)에는 특히 강화유리, 센서 등 안전장치를 설치해야 한다.
③ 건물외부의 틈으로 접근가능하거나 탈출 가능한 지점 및 경계구역은 보호되어야 한다. 여기에는 천장, 공기 환풍기, 하수도관, 맨홀 등이 여기에 해당된다.
④ 잠금장치는 정교하고 파손이 어렵게 만들어져야 하고 열쇠를 분실할 경우에 대한 적절한 조치를 취할 수 있어야 한다.

⑤ 효과적인 경비를 위해서는 안전 경비조명이 설치되어야 하고 물건을 선적하거나 수령하는 지역은 분리되어야 한다.

⑥ 비상시에만 사용하는 외부출입구 등에 대해서도 경보장치가 설치되어야 하고 외부로 통하는 출입구의 통행에 대한 통제가 가능해야 한다.

⑦ 항구·부두지역 등은 운전자가 바로 물건을 창고지역으로 차량을 움직이지 못하도록 하고, 경비원에게 물건의 선적이나 하차를 확인할 수 있도록 설계되어야 한다.

⑧ 경비관리실은 가능한 한 건물에서 통행이 많은 곳에 설치하고 직원의 출입구는 주차장으로부터 떨어진 곳에 위치해야 한다.

⑨ 경비원 대기실은 시설물 출입구와 비상구에 인접하도록 하고 격리되어 있는 출입구에 대해서는 경보장치 등을 설치하여 보완하도록 한다.

(3) 일반시설물 경비계획

가. 낡은 시설물

오래된 건물이나 사무실은 특히 경비계획 수립자에게 복잡하고 어려운 문제들을 준다. 즉 낡은 화재장비, 낡은 잠금장치, 낡은 벽, 이웃건물과 가로지르는 옥상, 사용하지 않고 방치된 문 등과 같은 여러 구조물들은 안전사고 및 범죄자들에게 아주 좋은 표적이 되기 쉽기 때문에 경비계획을 수립하는 데는 어려움이 많이 발생하게 된다. 따라서 이러한 시설물들에 대한 경비계획은 보다 기본적인 단계에서부터 철저하게 분석하고 설계해야 한다.

나. 새로운 시설물

현대식 건물양식은 안전요소를 고려하여 설계되는 경우가 많으나 충분히 세심하게 고려되는 경우는 그렇게 많지 않다. 따라서 경비계획 수립자는 대상 시설물에 대한 기본적 경비조사를 실시하고 시설물이 갖고 있는 특수성에 따라 보다 전문적으로 경비계획을 수립하는 것이 필요하다.

2) 경비계획의 체계화

물리적 경비수단의 목적으로 첫째, 외부출입통제의 주요한 목적은 원하지 않는 방문객을 막기 위한 것이고, 둘째, 내부출입통제의 경우에 내부 침입이나 절도 기타의 도난 등을 막기 위한 것이다. 따라서 경비시스템으로서 1차 보호시스템인 외부출입통제와 2차 보호시스템인 내부출입통제가 제대로 운영되는지를 확인해 볼 필요가 있는 것이다. 그리고 시설 자체가 지니는 가치도 경비설계를 위한 또 하나의 중요한 요소가 될 수 있다. 따라서 각 경비구역에 대한 사전조사와 연구를 통해 경비요소들을 적절하게 배치함은 물론이고 실제적으로 그 경비시스템이 효용성을 갖고 있는가에 대해 실험할 필요도 있다.

(1) 경비수준 검토

우리가 물리적 경비계획을 수립함에 있어서 모든 사항을 같은 수준에서 계획할 수는 없다. 즉 경비의 중요도에 따라 경비수준을 아래와 같이 5단계로 할 수 있다.

가. 최저수준 경비(Level Ⅰ)

이러한 체계는 일정한 패턴이 없는 외부의 행동을 방해하기 위해 마련된 것이다. 즉 외부로부터의 단순한 침입에서부터 무장공격에 이르기까지 방어대상이 된다. 이와 같은 정의에 의하여 최저수준 경비는 보통 출입문과 자물쇠를 갖춘 창문과 같은 단순한 물리적 장벽으로 구성된다. 미국의 경우 가정은 최저수준 경비체계에 의해 보호되는 가장 대표적인 예가 된다.

나. 하위수준 경비(Level Ⅱ)

이러한 체계는 일정한 패턴이 없는 외부의 행동을 방해하고 탐지할 수 있도록 계획된 체계라 할 수 있다. 즉 일단 단순한 물리적 장벽과 자물쇠가 설치되고 거기에 보강된 출입문, 창문의 창살, 보다 복잡한 수준의 자물쇠, 조명시스템, 기본적 경보시스템, 기본적 안전 장벽 등이 설치될 수 있다. 여기에는 작은 소매상점, 저장 창고 등이 속한다.

다. 중간수준 경비(Level Ⅲ)

이러한 체계는 대부분의 패턴이 없는 외부행동과 일정한 패턴 없는 내부의 행동을 발견, 방해하도록 계획된 것이다. 여기에는 단순한 가게 좀도둑에서 파괴행위에까지 이른다. 경비체계가 중간수준에까지 이르게 되면 사전에 최저수준과 하위수준에 대해서는 조치가 가능하게 된다. 중간수준의 경비체계에는 보다 발전된 원거리 경보시스템, 경계지역의 보다 높은 수준의 물리적 장벽, 기본적 의사소통 장비를 갖춘 경비원 등이 조직되어 진다. 여기에는 큰 물품창고, 제조공장, 대형 소매점 등이 해당된다.

라. 상위수준 경비(Level Ⅳ)

이러한 체계는 대부분의 패턴이 없는 외부 및 내부의 행동을 발견, 방해하도록 계획되어진 것이다. 앞에서 언급한 경비수준이 결합된 후 보다 높은 수준의 경비체계를 말한다. 상위수준의 경비체계에서는 CCTV, 경계경보 시스템, 높은 의사소통 장비를 갖춘 고도로 훈련받은 무장경비원, 물리적 장벽 주위에서 감시되는 고도의 경계경보시스템, 고도의 조명시스템, 보호장소에서 사고 발생시 경비원의 대응과 경찰의 협력이 이루어지는 시스템, 지방 법집행당국과의 조정계획수립 등이 이루어진다. 여기에는 교도소, 제약회사, 전자회사 등이 해당된다.

마. 최고수준 경비(Level Ⅴ)

이러한 체계는 전혀 패턴이 없는 외부 및 내부의 활동을 발견·억제하고 문제를 해결하도록 계획되어진다. 이는 앞의 Level Ⅰ, Level Ⅱ, Level Ⅲ, Level Ⅳ의 모든 계획이 결합되고 거기에 최첨단의 경보시스템과 현장에서 즉시 대응할 수 있는 24시간 무장체계가 갖추어진다. 물리적 경비보호의 최고수준은 핵시설물, 중요 교도소, 중요 군사시설, 정부의 특별연구기관, 그리고 일부 외국대사관 등에서 이루어질 수 있다.

(2) 경비계획의 연속성

경비계획은 경비부서의 조직관리·실행과정과 평가과정과의 관계 속에서 역동적으로 작용하고 있음을 유의해야 한다. 즉 경비계획이 철저하게 이루어진 다음에 그러한 계획에 따라 경비관리가 적절하게 운영되면 효과적인 경비활동이 될 수 있다. 물론 마지막 평가단계에 있어서는 이전 단계의 미흡한 점을 피드백(feed back)하여 다시 재검토하는 수준에서 이루어져야 할 것이다.

따라서 경비계획·관리·평가과정은 경비부서의 다음과 같은 측면에서 경비효율화를 가져다준다.

① 목적을 명확하게 해준다.
② 정보와 관련하여 조직화한다.
③ 대안을 개발하게 해준다.
④ 관련 프로그램에 대한 긍정적·부정적 정보를 초기에 제공한다.
⑤ 방향 및 경비, 범죄예방의 목적을 제공해 준다.
⑥ 위험이 최소화 될 수 있게 해준다.

결국, 이러한 과정 속에서 인적·물적 경비대상에 대한 효과적인 경비활동이 이루어지게 되는 것이다.

3) 외곽경비

경비대상에 대한 기본적인 방어로서 먼저 시설물 등에 대한 물리적 외곽경비가 이루어져야 한다.

(1) 외곽시설물경비

시설물의 경계지역은 대개 시설물 자체의 특성과 위치에 의해 결정된다. 도시의 사무실, 빌딩이나 소매상의 경계지역은 건물자체로서 방어벽 역할을 한다. 그러나 대부분 공장지역은 작업장소와 창고를 필요로 하기 때문에 이 경우 경계구역은 해당 회사가 소유하고 있는 대지를 범위로 한다. 외부침입자에 대한 경비의 최일선이 바로 이 경계지역에서 시작된다. 외곽시설물의 경비는 장벽, 출입구, 건물자체의 순으로 수행된다.

가. 장 벽

자연적인 장벽이나 구조물에 의한 장벽은 경계구역을 한정하고, 외부침입을 제지하는 데 도움이 되는 지형적인 특성을 가지고 있다.

① 자연적인 장벽

자연적인 장벽에는 강, 절벽, 협곡, 수풀지역, 그리고 침입하기 곤란한 다른 지역이나 형세 등이 해당된다. 자연적인 장벽은 침입에 대한 적극적인 예방대책이 아니기 때문에 경비장치를 추가할 필요성이 있으며, 대부분의 자연적인 장벽은 다른 여러 종류의 구조물에 의해 강화된다.

② 구조물 장벽

구조물에 의한 물리적인 장벽은 철조망, 담, 출입문, 도로상의 방책, 차폐물, 그리고 무단 침입을 제지하기 위한 여타의 구조물과 같은 상설적이거나 일시적인 장치들을 의미한다. 그러나 구조물에 의한 장벽으로도 침입을 예방하기가 상당히 힘들다.

첫째, 조망은 시설물 보호를 위해 가장 일반적으로 사용되는 형태로서, 일시적이고 돌발적인 상황에 대비하기 위한 것이다. 철조망은 여러 개의 철사를 이용하여 만들어지는데, 적어도 높이가 약 2m 이상, 지면에서 약 5m 정도 떨어져서 설치된다. 만약 지면이 모래이거나 침식될 수 있는 토양인 경우에는 지면 밑에서부터 설치하여야 한다. 철조망에는 가시철사와 콘서티나 철사가 일반적으로 사용된다.

둘째, 담장은 장식적인 효과가 거의 없는 철조망을 대신하여 미적 감각을 높이려는 이유 때문에 설치되기도 하며, 또한 시설물 내의 여러 업무활동을 은폐하기 위해서도 설치된다.

(2) 출입구 경비

출입구가 많으면 많을수록 이를 통제·감독하기 위해 더 많은 경비원이 필요하기 때문에 출입구는 최소한으로 유지해야 한다. 출입구에 대한 통제는 하루의 다양한 시간대에 따라 필요성을 감안하여 결정하여야 한다.

가. 폐쇄된 출입구 통제

일정기간 동안 또는 비상시에만 사용하는 문은 평상시에는 폐쇄하고 잠겨져 있어야 한다. 이러한 곳에 사용되는 잠금장치는 특수하게 만들어야 하며, 외견상 즉시 확인할 수 있도록 만들어져야 한다. 그리고 폐쇄된 출입구는 자주 점검해야 하며, 특히 그 지역이 현행 출입형태에 영향을 받지 않고, 시설물의 일상적인 업무활동에서 벗어난 곳에 위치해 있다면 더욱 철저하게 수시로 점검하는 것이 필요하다.

나. 개방된 출입구 통제

직원출입구는 보통 하나로 구성되어 있는데 통행하는 직원을 적절하게 통제하기 위해서는 출입구의 폭이 너무 넓지 않아야 한다. 차량출입구는 시설물의 차량 유형에 따라 충분히 넓어야 한다. 이들 출입구는 양방향 통행으로 운용되며, 만약 차량통제에 대한 필요성이 특별하게 생기면 출입구는 해당시간에 맞추어 일방으로 통행을 제한할 수 있다.

다. 기타 출입구 통제

이 밖에도 모든 시설물에는 경계구역에 침입할 수 있는 여러 출입구가 있다. 이런 출입구들은 아무런 감시도 없이 시설물 내로 침입할 수 있기 때문에 그 수는 반드시 파악하고 있어야 한다. 이러한 출입구나 장벽에는 하수구, 배수로, 배수관, 사용하는 터널, 배기관, 공기흡입관, 맨홀뚜껑, 낙하장치(주택에서 쓰레기, 세탁물 따위를 떨어뜨리는 장치로서 파이프 등으로 만들어짐), 엘리베이터들이 해당되는데, 이들 역시 출입구 통제 계획에 포함해야 한다.

(3) 건물 경비

가. 창문/출입문 통제

창문과 출입문 등과 같이 경계구역과 연결되어 있는 문은 튼튼한 구조물로 이루어져야 하며, 확실한 장금장치가 있어야 하며, 화재나 다른 여러 가지 위험한 사고의 발생에 대비하여 비상구 등과 같은 예비적 조치가 사전에 충분히 마련되어 있어야 한다. 또한 긴박한 목적을 위해 만들어진 출입문은 외부의 침입으로부터 열리지 않도록 하는 장치 등 특별한 장치를 갖추고 있어야 한다. 더 나아가 원격통제에 의해 운영되는 전자식 장치와 경보장치를 설치함으로써 불필요한 이용을 줄이거나 불법적 접근을 제한할 수 있다.

나. 옥상/일반외벽

경계구역에서 중요한 부분은 빌딩의 옥상부분이다. 옥상의 경우에는 일반 통행인이나 순찰경비원에 의해 쉽게 확인되지 않기 때문에 외부침입의 중요대상이 될 수 있다. 일반외벽 역시 건물의 측면이나 후면의 후미진 곳이 외부침입의 대상이 될 수 있다. 따라서 이들 지역은 주기적인 순찰로 방범의 이상유무를 확인할 필요가 있으며, 침입시설이나 손상여부를 감지하는 시스템이 요구된다.

(4) 경계구역 감시

가. 가시지대

가시지대(clear zone)는 경비원의 시각이나 또는 경비장치로써 경비구역을 감시할 수 있는 경비활동 영역을 의미하는 것으로, 외부로부터 장벽에 대한 접근이나 경계구역 안의 활동에 대하여 즉각적인 가시적 감시를 할 수 있어야 한다. 따라서 경계구역 내에서도 가능한 한 가시지대를 넓히기 위해서 모든 장애물을 제거해야 한다. 한편, 가시구역이 너무 작아서 경비의 효과성에 별로 도움이 되지 않을 경우에는, 통제지역의 장벽을 높이거나 경비원에게 침입정보를 적절하게 알려주는 탐지센서 등을 설치할 수 있다.

나. 확인 점검

따라서 가시지대 내에서 감시활동이 이루어질 때, 자물쇠 등으로 잠금장치가 된 문은 항상 주의깊게 점검해야 하며 설치된 경계초소에 대한 효율성 점검과 경계구역 내의 침입확인 등이 면밀하게 이루어져야 한다.

(5) 경계구역 내부경비

경계구역 내에 옥상이 없는 건물이나 외곽지역도 제2방어선으로서 반드시 경비활동의 대상으로서 고려되어야 한다. 경계구역 내의 이러한 지역들은 보통 외부에서 쉽게 관찰할 수 있어 침입 이전에 침입장소로 선택될 가능성이 있다. 한편, 주차지역은 범죄활동의 대상 및 이용수단이 되기 때문에 중요한 경비대상이 된다. 이러한 이유로 이곳의 조명에 대한 점검 및 정기적인 순찰활동이 이루어져야 한다. 따라서 경계구역 내에 개인차량의 주차는 예외 없이 엄격한 통제가 이루어져야 한다.

경계구역이 고용인과 방문객을 위한 주차지역과 가까이 인접해 있는 경우에는, 주차지역을 격리시키는 새로운 방어장벽을 위해 부가적인 담장을 설치하고 이곳에 대한 순찰활동이 주의깊게 이루어져야 한다. 적재화물이 있는 회사차량은 경비의 강화를 위해 경계구역 내에 주차시키고 안전장치를 면밀히 확인해야 한다. 특히 야간에는 범죄의 표적이 되기 쉽기 때문에 더욱 주의해야 할 필요가 있다.

(6) 경비조명

경비조명은 야간에 경계구역과 외부로부터의 접근 및 침입에 대한 감시활동을 용이하게 하는 수단으로서, 경계구역 내의 지역과 건물에 경비를 집중시킬 수 있도록 설계되어야 한다. 따라서 경비원의 시야를 방해하는 강한 조명은 피하고 인근지역을 밝게 하거나 영향을 미칠 수 있는 위험스러운 조명도 피해야 한다. 특히 도로, 고속도로, 수로 등에 인접한 경비시설물에서는 조명이 매우 중요하다. 조명에 필요한 전기시설은 경계구역 내에 설치되어야 하고, 전선, 전원스위치 그리고 비상사태에 대비한 예비전력장치 등은 안전하게 보호되어야 한다. 한편, 탐조등과 휴대용 전등을 포함한 예비조명도 또한 경비조명의 일부로서, 이는 특정한 상황이나 비상사태를 위해 사용되며, 비록 정기적으로 이용되지 않더라도 경비활동을 강화하는 수단으로서 매우 유용하게 사용될 수 있다.

가. 조명등의 특징

조명등에는 백열등, 가스방전등, 그리고 석영등이 있는데, 각각 일정한 특징을 가지고 있다.

① 백열등

백열등은 보통 일반 가정집에서 사용되는 조명으로서, 스위치를 올릴 때 즉시 빛이 발하는 이점이 있기 때문에 경비조명에 있어서 가장 보편적으로 사용된다. 또한 백열등은 빛을 반사하기 위해 내부에 코팅을 하고, 빛을 모으거나 분사하기 위해 렌즈를 사용하기도 한다. 그러나 다른 조명에 비해 수명이 짧다는 단점이 있다.

② 가스방전등

가스방전등으로서 수은등은 푸른 빛을 띠는 매우 강한 빛을 방출하는데, 수명이 상당히 오랫동안 지속되기 때문에 백열등보다 더 효과적이다. 나트륨등은 연한 노란색을 띠는데, 안개 등의 문제가 발생하는 지역에서 주로 사용된다. 흰 빛보다는 노란 빛이 먼저 등에 더 잘 투과되지만, 경비조명으로서 가스방전등은 기온이 낮거나 높을 때, 전원 스위치를 올린 후 빛을 발하기까지는 일정한 시간이 필요하다는 단점을 갖는다.

③ 석영등

석영등은 백열등과 마찬가지고 매우 밝은 하얀 빛을 발하며 빨리 빛을 발산한다. 석영등은 매우 밝은 빛을 내기 때문에 경계구역과 사고발생 지역에 사용하기에는 매우 유용하다. 그러나 가격이 비싼 것이 대부분이다.

(7) 경비조명 형태

가. 가로등

가로등은 대칭적인 방법으로 설치하는 것과 비대칭적으로 설치하는 것이 있는데,

대칭적인 가로등은 빛을 골고루 발상하며 특별히 높은 지점의 조명을 필요로 하지 않는 넓은 지역에서 사용된다. 그리고 보통 빛이 비춰지는 지역의 중앙에 위치한다. 비대칭적 가로등은 대칭적 가로등과 같은 밝은 조명이 요구되지 않는 경비구역에서 다소 떨어진 장소에 사용한다.

나. 투광조명등

투광조명등은 상당히 밝은 빛을 만들어 주기 때문에 특정지역에 빛을 집중시키거나 직접적으로 비추는 데 사용된다. 투광조명등은 그 비추는 폭에 따라 구분할 수 있으며, 일반적으로 넓거나 중간 또는 좁은 폭에 따라 나누어진다.

다. 프레이넬등

프레이넬등은 넓은 폭의 빛을 내는 조명으로서 경계구역에의 접근을 방지하기 위해 길고 수평하게 빛을 확장하는 데 유용하게 사용된다. 특정대상에 초점을 맞추어 빛을 보내는 투광조명등이나 탐조등과는 달리, 프레이넬등은 수평으로 대략 180도 정도, 수직으로 15~30도 정도의 폭의 좁고 기다란 광선을 투사한다. 이 조명은 비교적 어두운 시설물에 침입하는 경우에 유용하게 사용된다. 투광조명등이나 프레이넬등은 다소의 빛이 요구되는 외딴 곳이나 조금 떨어진 경계지역을 비추는 데 사용된다.

라. 탐조등

탐조등은 잠재적으로 사고가 일어날 만한 지역을 정확하게 관찰하기 위해 사용된다. 탐조등은 외딴 산간지역이나 작은 배로 쉽게 시설물에 접근할 수 있는 위치에 설치할 수 있다.

(8) 경비조명 설치구분

경비조명은 설치 및 사용에 따라 상시조명(continuous lighting), 예비조명(standby lighting), 이동조명(movable lighting), 비상조명(emergency lighting) 등으로 나뉜다.

가. 상시조명

상시조명(continuous lighting)은 장벽을 비추거나, 벽의 외부를 비추는 데 사용되는데, 감옥이나 교정기관에서 이용되어 왔다. 이는 장벽 주변이나 접근을 살피는 데 효과적이며 이웃이나 인접해 있는 재산에 접근하는 것을 방지하기 위해서 일반적으로 사용된다.

나. 예비조명

예비조명(standby lighting)은 상시조명을 보충하거나, 예비적인 사용용으로 고안되었다. 이러한 시스템들은 수동이나 자동으로 상시조명시스템이 작동되지 않거나 부가적인 조명이 필요가 있을 때에 사용되고 우범지역 또는 순찰취약지역, 단순히 일시적인 조명상 필요가 있는 지역의 선택적인 조명에 가장 유용한다.

다. 이동조명

이동조명(movable lighting) 시스템은 휴대할 수 있는 조명장치를 사용한다. 이 시스템은 일시적인 기간 동안 필요로 하는 선택적이거나 특정지역에 설치될 수 있는 탐조등이나 투광조명등으로 구성되어 있다. 이동시스템 역시 상시조명이나 예비조명에 보충적으로 사용되어질 수 있다. 이 시스템은 전축지에 유용하다.

라. 비상조명

일반적으로 비상조명(emergency lighting) 시스템은 다른 조명시스템이 작동하지 않거나 전력공급이 중단되었을 때에 사용된다. 또한 긴급사태가 발생했을 때 기존의 조명을 보조해주는 역할을 하기도 한다. 따라서 평상시에 정상적으로 작동하는지 점검할 필요가 있으며, 이상 발견 시에는 즉시 원상회복시켜야 한다.

(9) 경비조명의 관리유지 및 보수

경비시설의 다른 여러 경비요소와 마찬가지로 경비조명에 대해서도 전기회로와 조명설비에 대한 정기적인 점검이 이루어져야 한다. 조명설비는 현장에서 적재적소에 설치되었는지의 여부에서부터 중앙에서 통제하는 관리본부에까지 광범위한 점검을 맡길 필요가 있으며 회로도 및 배선도 관리에도 유의해야 한다. 이는 전기회로 및 배선 관리에서 일어날 수 있는 조명 작동 이상이나 합선으로 인한 화재를 예방하기 위해서이다.

(10) 경계구역 경비조명

① 경비조명은 경계구역의 모든 부분을 구석구석까지 비출 수 있도록 설치되어야 하며, 경계구역 내부지역 뿐만 아니라 외부지역도 충분히 비출 수 있어야 한다.

② 경비조명은 직접적으로 사고가 발생한 지역을 적절하게 비춰져야 하며, 보호하고자하는 대상에서 떨어져 있어야 한다.

③ 조명시설의 위치는 경비원의 시야를 방해하지 않으면서 그림자가 생기지 않도록 해야 하고, 경계구역에 접근하는 다른 사람에게 조명으로 인한 문제를 발생시키지 않는 곳이어야 한다.

④ 경비시설물이 경계선에서 가깝거나 건물자체가 경계선의 일부분일 경우에 조명은 직접적으로 건물에 비추기 때문에, 이러한 건물의 출입구는 다른 조명에 의해 생기는 그림자를 제거하기 위한 개별 조명시설을 설치해야 한다.

(11) 출구/통로 경비조명

모든 출입구와 내부 통로의 경비조명은 시설물의 경비를 위해 충분히 설치되어야 한다. 보행자 및 차량 출입구는 내부 물품, 밀수품, 장물 등을 점검할 뿐만 아니라 신분을 확인하는 장소이기 때문에 조명설치에 유의해야 한다. 따라서 보행자의 출입구는 문의 양쪽에서부터 일정거리(약 7m 정도)까지 비추어야 하며, 차량의 출입구는 이것의 두 배 정도에 해당되어야 한다.

(12) 기타 사항

경계구역과 이에 대한 접근을 제거하기 위해서는 체계있는 조명 설치계획이 이루어져야 한다. 그리고 경계구역 내의 창고와 주차장 등 경비에 소홀하기 쉬운 지역에 대한 적절한 수준의 조명시설과 모든 통로지역에 따라 설치된 경비조명시스템은 어떠한 경비프로그램에 있어서도 필수적인 사항이라 할 수 있다.

4) 내부경비

(1) 내부경비의 중요성

외곽경비 등에 의해 일단 외부로부터 보호가 되어 있는 경우 다음단계로 내부로의 출입통제 등의 절차가 이루어져야 한다. 그러나 출입통제는 시설물의 이용이나 목적을 방해해서는 안 된다. 물리적인 경비수단으로 외부출입통제의 주요한 목적은 경계구역에 대한 적절한 침입을 막기 위한 것이 가장 중요한 목적이라면, 내부출입통제의 주요한 목적은 시설물 내의 침입이나 절도, 기타의 횡령 등을 막기 위한 것이다.

시설 자체가 지니는 가치도 경비설계를 위한 또 하나의 중요한 요소가 될 수 있다. 즉 시설물의 중요성 및 개개의 보호대상 시설에 따라 경비방법과 경비설계에 상당한 차이가 있다. 따라서 각 경비구역에 대한 사전조사와 연구를 통해 경비요소들이 배치되어야 함은 물론이고 실제적으로 그 경비시스템의 효용성이 있는가에 대해 실험을 해보는 것도 필요하다. 경비시스템 가운데에서 1차보호시스템인 외부출입통제시스템과 2차보호시스템인 내부출입통제시스템이 제대로 운영되는지를 확인해 볼 필요가 있다.

(2) 창문/출입문경비

가. 창문경비

대부분의 외부침입자들이 창문을 통해 내부로 들어오기 때문에 창문에 대한 안전장치는 매우 중요한 요소가 된다. 따라서 외부침입이 쉽게 발생할 가능성이 있는 창문에 대해서는 강화유리, 외부침입감지시스템 등이 설치되어야 한다. 그리고 화재 등 긴급사태 발생 시에는 내부에서 쉽게 뜯고 대피할 수 있도록 설계되어 있어야 함은 물론이고 화재, 방재 시스템도 함께 설치되어 있어야 한다.

① 방호창문

시설물 가운데 외부에서 쉽게 눈에 띄고 접근하기 쉬운 창문에는 고강도 특수방화·방호유리를 설치해야 한다. 이 창문을 전문용어로는 안전유리(UL-Listed유리)라고도 하는데 보통 포리카보네이츠라는 광물질을 유리에 첨가하여 강도를 강화시킨 유리 등을 말한다. 이러한 안전유리의 목적은 미관을 해치지 않으면서 외부의 강도침입을 방어하고자 하는 데 있는데, 일반유리에 비해 싸다는 점 때문에 쉽게 설치하기가 어렵다. 안전유리는 깨질 경우에 작고 둥근 파편모양으로 잘라지기 때문에 절대로 사람의 신체에 손상을 입히지 않으며, 또한 외부의 열이나 기타의 연기, 냉동기기에 의한 충격에도 견디어내는 능력도 갖고 있다. 그리고 불연성 물질이기 때문에 화재 시에도 타지 않는다. 가장 큰 장점으로는 일단 이 유리가 가볍기 때문에 설치하는 데 큰 어려움은 없다는 점이다.

② 창문파괴 대비책

일반적으로 안전유리는 은행의 창구나 소매점의 카운터에 설치된다. 이중 폴리비닐부티랄을 첨가하여 보다 가벼운 이중의 안전유리로 제작된 것도 있는데, 이 유리의 장점으로는 일단 다른 안전유리에 비해 가볍고 일반유리와 동일한 두께를 가지기 때문에 사용자의 입장에서 쉽게 사용할 수 있다. 안전유리의 궁극적인 목적은 외부에서 침입을 시도하는 강도가 창문을 깨는 데 걸리는 시간을 지연시킴으로써 그 사이에 경비원이나 경찰이 출동할 수 있는 시간적인 여유를 주는 것이다. 이밖에도 외부의 침입을 막을 수 있는 방법으로서 창문에 창살을 설치할 수 있는데, 창살의 강도가 강하고 촘촘할수록 그만큼 외부침입 가능성은 줄어들게 된다. 다만 미관상의 문제와 철제 창살의 경우 부식의 문제가 발생할 수 있다.

나. 출입문 경비

내부 출입문에 대한 경비 이전에 먼저 보호해야 할 시설내의 모든 출입문에 대한 안전성과 중요성을 조사하고 이 조사내용을 통해 어떠한 출입문에 어떠한 정도의 경비인력과 장비를 배치할지를 결정한다. 경비자원을 낭비 없이 필요한 부분에 적절하게 배치하기 위해서는 사전조사 및 분석이 필요하다.

① 출입구조물

시설물의 내부시설 가운데 인적·물적 침해로 공격받기 쉬운 가장 취약한 부분 중의 하나가 출입문이다. 따라서 출입구조물의 재질과 장치 등을 고려하는 데 있어서 보다 견고하고 아울러 내구성을 갖추도록 함으로써 외부공격에 대한 방어능력을 강화시킬 수 있다.

② 통행절차

출입구에 출입문을 설치한 후에는 반드시 그 문의 기능이 제대로 발휘되고 있는가를 파악할 수 있는 실험이 이루어져야 한다. 여기에는 방화실험이나 외부의 침입에 대한 제지, 저항실험 등이 있다. 그리고 시설내의 모든 직원들은 허용된 문을 통해서만 출입을 할 수 있도록 해야 한다. 비상사태 발생 시에는 모든 출입문이 비상구로 활용할 수 있도록 고려되어야 하며, 이곳에는 비상등과 비상벨이 설치되어야 함은 물론 이 비상구를 통해서 외부인이 들어오는 것을 제지하는 침입경보장치가 설치되어야 한다. 한편, 화재시 비상구로 사용되는 문은 반드시 잘 보이도록 해야 하며, 창고문과 같이 자주 사용하지 않는 곳도 외부침입자가 들어올 수 있기 때문에 항상 이에 대한 대비와 관리가 뒤따라야 한다.

③ 중요지역 출입문관리

시설물 내의 통신장비실이나 컴퓨터전산실, 연구개발실과 같이 보안성을 유지해야 하는 중요지역에서는 특히 출입문이 보다 안전성을 갖도록 설계·설치되어야 한다. 또한 중요지역의 경우에는 예측 가능한 출입인원의 양을 가능한 한 파악하여 그에 맞게 보안 체계를 갖춘 출입문을 설치해야 한다. 출입문을 자동으로 통제하는 안전장치는 많은 비용을 투자할지라도 오작동이 발생하지 않도록 해야 하며, 출입대상자의 접촉이 편리하도록 고안되어야 한다. 한편, 시설물 내의 중요한 물품을 저장·보관하는 창고도 중요한 보호대상이 된다. 특히 창고업의 경우 재고품 가운데에서 도난당하는 경우가 많이 발생하고 있기 때문에 재고가 많은 물건을 저장하는 지역에서는 재고관리가 철저하게 이루어져야 한다.

④ 사무지역 출입문관리

사무실이나 기타 업무지역의 출입문은 출입이 잦기 때문에 보안성과 내구성의 두 가지 측면을 모두 고려해야 한다. 이밖에도 그 시설 내에 있는 각종 사무기기와 중요문서들을 보호하기 위해서 별도의 보안장치가 강구되어야 한다.

⑤ 출입문 잠금관리

시설 내에 있는 모든 출입문에 대한 잠금관리는 철저하게 이루어져야 한다. 보안적인 측면과 출입자의 편리성 측면은 상충되는 면이 크기 때문에 양자간에 적절한 조화를 이루면서 잠금관리가 행해져야 한다. 그리고 출입문의 잠금관리는 각 출입문을 통해 들어갈 수 있는 지역의 중요성과 그 지역 내에 들어 있는 물건의 중요성을 분류하여 보다 철저한 경비시스템이 될 수 있도록 관리 운영해야 한다. 잠금장치에 대한 보수·유지과정은 신속하게 이루어져야 한다.

(3) 자물쇠와 패드록

가. 자물쇠

① 자물쇠의 파괴

전문적이고 지능화된 범죄자의 경우에는 자물쇠만을 파손시키고 침입하는 방식을 이용한다. 그리고 문이나 문설주, 창문이 외부의 침입으로부터 견고하게 대응하도록 설계된 경우에는 자물쇠를 따거나 부수고 들어오는 방법을 택하게 된다. 자물쇠를 그냥

여는 경우에는 금속 핀을 사용하거나 여러 개의 마스터키를 사용하는 방법도 많이 이용된다. 전문적인 범죄자의 경우에는 자물쇠를 딴 흔적조차도 남기지 않는 경우도 있다.

② 자물쇠의 기능

자물쇠를 보호장치로 보는 경우가 많이 있지만 실질적으로는 범죄자의 침입시간을 지연시키는 시간지연장치의 역할이 강하다. 자물쇠의 역할과 기능을 제대로 활용하기 위해서는 출입구 경비에 대한 적절한 설계·설치가 요구된다.

③ 자물쇠의 종류

일반적으로 시중에서 사용되는 자물쇠의 종류에는 주로 다음의 6가지가 있다.

첫째, 돌기자물쇠(Warded Locks)는 우리가 일반적으로 사용하는 자물쇠이다. 보통 열쇠를 이용하여 열지만 열쇠의 구조가 간단하기 때문에 쉽게 열린다. 단순 철판에 홈도 거의 없는 것이 대부분이다. 따라서 안전도는 거의 0%에 가까운 정도로 예방기능이 취약하다.

둘째, 판날름쇠자물쇠(Disc Tumbler Locks)는 돌기자물쇠가 보다 발달된 것으로서 열쇠의 홈이 한쪽 면에만 있는데, 맞는 열쇠를 꽂지 않으면 자물쇠가 열리지 않도록 되어 있다. 이러한 열쇠는 일반적으로 가장 많이 사용되는 자물쇠로서 책상, 서류함 그리고 패드록 등에 보편적으로 사용되고 있다. 그러나 비록 돌기자물쇠보다 효과적이지만 높은 안전성을 갖고 있다고 보기는 어렵다.

셋째, 핀날름쇠자물쇠(Pin Tumbler Locks)는 일반 산업분야뿐만이 아니라 일반주택에서도 사용된다. 이 자물쇠는 열쇠의 양쪽에 홈이 불규칙적으로 파여져 있는 형태이며, 따라서 핀날름쇠자물쇠에 비해 보다 복잡하며 안전성을 제공할 수 있기 때문에 널리 사용되고 있다.

넷째, 숫자맞춤식자물쇠(Combination Locks)는 자물쇠에 달린 숫자조합을 맞춤으로써 작동하는 자물쇠를 말한다. 이러한 잠금장치를 열기 위해서는 상당한 기술이 요구되기 때문에 외부의 침입이나 절도의 위협에 대한 효과적인 보호장치가 된다. 일반적으로 3개의 숫자판 내지 4개의 숫자판을 사용하여 비밀번호 판독을 어렵게 하고 있다. 그러나 최근 지문감식 등을 통해 비밀번호 판독을 가능하게 하고 있다.

다섯째, 암호사용식자물쇠(Code Operated Locks)는 숫자맞춤식 자물쇠를 보다 발전시킨 자물쇠로서 전자자판 장식을 갖고 있다. 이러한 자물쇠는 자물쇠를 장치에 일정한 암호를 연속적으로 누름으로써 문이 열리도록 하는 전자제어 방식으로서, 암호를 잘못

누르거나 모르는 경우에는 비상경보가 작동된다. 일반적으로 전문적이고 특별한 경비를 필요로 하는 경우에 이러한 잠금장치를 사용한다.

여섯째, 카드작동식자물쇠(Card-Operated Locks)는 열쇠 대용으로 카드를 꽂음으로써 열리는 자물쇠 장치를 의미하는 것으로 일반적으로 전기나 전자기 방식을 사용하고 있다. 출입권한이 허가된 직원이 사용하는 카드에는 일정한 암호가 들어 있어서 카드를 꽂게 되면 곧바로 이 카드내의 암호를 인식하여 자물쇠가 열리게 된다. 카드열쇠는 일반적으로 신분증의 기능을 같이 가지고 있는 경우가 많아 자신에게 허용된 구역을 마음대로 출입할 수 있다. 카드작동식자물쇠는 매우 강한 외부압력에도 견딜 수 있으며 종업원들의 출입이 잦지 않는 제한구역에서 주로 활용된다.

나. 패드록

① 패드록 개념

패드록(Pad-Locks)은 일반자물쇠와는 달리 강한 외부충격에도 견딜 수 있도록 되어 있으며, 따라서 자물쇠의 단점을 보완하여 보다 경비안정성을 강화하기 위해서 고안된 장치이다. 패드록은 자물쇠와 유사한 기능을 가지지만 문의 몸체 중간에 설치되어 키를 삽입하게 되면 문이 열리는 장치를 의미하는 것으로, 이 장치는 현재 대부분의 아파트나 가정집의 출입문에 설치되어 있으며 가장 보편적으로 사용되고 있는 안전장치라고 할 수 있다.

② 잠금장치

일반적으로 패드록의 잠금장치는 외부에서 열쇠를 이용하여 출입문을 열게 되어 있으며 안에서도 쉽게 문을 열 수 있는 방식을 사용하고 있다. 출입문은 일단 외부로부터의 침입을 막는 것 뿐만 아니라 비상사태 발생 시 내부로부터의 탈출을 용이하게 하는 것 또한 중요하다. 일반적으로 첨단식 패드록 잠금장치에는 다음의 세 가지 종류가 있다.

첫째, 기억식잠금장치(Recording Locking Devices)는 출입문에 전자장치가 설치되어 있어서 일정 시간에만 문이 열리는 방식이다. 예를 들어 이 장치가 은행금고에 활용된다면 은행업무시간에만 금고문이 열리도록 하는 것을 말한다.

둘째, 전기식잠금장치(Electric Locking Devices)는 출입문의 열리고 닫히는 것이 전기신호에 의해 이루어지는 장치를 말한다. 이는 원거리에서 문을 열고 닫도록 제어할 수 있다는 장점을 가지고 있는데 일반적으로 마당이 있는 가정집 내부에서 스위치를 누름으로써 외부의 문이 열리도록 하는 것이 바로 이 방식이다. 이 이외에도 교도소에서 사용되고 있는 잠금방식이다.

셋째, 일체식잠금장치(Sequence Locking Devices)는 하나의 출입문이 잠길 경우에 전체의 출입문이 동시에 잠기는 방식을 말한다. 일반적으로 교도소와 같이 죄수탈옥의 가능성이 높거나 동시다발적 사고발생의 우려가 높은 장소에서 이 문을 사용한다. 한 번에 모든 문이 잠기기 때문에 쉽게 빠져나가거나 들어가지 못하도록 하는 잠금방식이다.

③ 문 틀

문틀도 안전장치로서 중요한 역할을 수행하는데, 즉 침입이 불가능한 경우에 침입자는 문틀을 부수거나 지렛대를 문틀 사이에 끼우고 문틀을 벌리는 방법을 쓴다. 따라서 문틀도 문과 마찬가지로 되도록 내구성이 강한 재질을 사용하는 것이 필요하며, 되도록 용접 등의 방법으로 이용하는 것이 바람직하다. 문틀과 문 사이에 지렛대 등이 들어가지 않도록 하기 위해서 틈을 없애는 것이 중요하다.

④ 교체 가능한 잠금장치

패드록에 사용되는 열쇠를 분실할 경우 그 문을 열지 못하거나 잠그지 못하는 경우가 발생하게 된다. 열쇠를 잃어버릴 경우에 대비하여 교환 가능한 패드록을 문에 설치하는 방법도 고려될 수 있으나 안전성의 측면에서는 되도록 교체가능하지 않는 고정된 패드록을 사용하는 것이 오히려 바람직할 수도 있다.

(4) 서류/물품 안전관리

경비대상의 안전장치는 해당 시설물의 규모나 보호해야 할 대상의 성격에 때라 결정된다. 문서종류에 대한 안전관리는 일반적으로 화재예방과 절도예방의 두 가지 목적을 위해 안전장치가 설치된다. 그러나 이 두 가지를 완벽하게 만족시킨다는 것은 사실상 어려운 일이기 때문에 양자 가운데에서 가장 중요하다고 생각이 되는 부분에 보다 집중하는 방식을 채택한다. 안전장치의 설치 시 해당 경비원이나 안전관리원에게 각각 안전장치를 제대로 사용할 수 있는 방법을 제시해야 함은 물론이고 사용방법이나 기술에 대한 평가를 내림으로써 보다 효과적인 안전관리가 이루어지도록 해야 한다.

가. 자료보관함 안전관리

회사 및 산업시설 등의 중요 내부자료가 자칫 외부로 유출되거나 화재 등으로 인해 파손되었을 경우에는 막대한 문제점이 발생하게 된다. 과거 내부자료는 대부분이 서류형식으로 보관되어 있었으나 오늘날에는 서류형식 뿐만 아니라 전산시스템 형식으로도 보관·관리되고 있는데 절도 및 기타 파괴행위에 여전히 쉽게 노출될 가능성을 안고 있다. 따라서 발생 가능한 모든 위협요소로부터 자료보관함을 안전하게 관리할 수 있는 안전장치의 설치 및 관리가 이루어져야 한다.

나. 금고 안전관리

금고는 보통 기록문서보관용(방화용) 금고장치와 자산보관용(도난방지용) 금고장치 등으로 나눌 수 있는데, 화재 및 절도 등으로부터 안전성을 담보한다. 금고의 성능을 테스트하기 위해서는 화재발생에 대비해서 고열시험 뿐만 아니라 높은 고층빌딩에서 추락하는 실험까지 두루 거쳐 시행한다. 지하보관용 금고나 문짝의 시험은 내화실험이 이루어지며 파열충격시험은 시행되지 않는다. 한편, 보석이나 금괴, 미술품 절도범이 사용하는 모든 장비를 사용하여 금고문을 열고자 하는 실험이 행해진다.

(5) 중요물품보관실 안전관리

시설물 내의 중요한 물품들을 보관하는 중요물품보관실(Vaults)은 금고를 보다 크게 방과 같은 형태로 만들어 놓은 것으로서 제작방법도 일반 금고와 유사할 뿐만 아니라 금고에 적용되는 모든 기준을 그대로 적용받는다. 그러나 보관실 전체를 값비싼 강화금속으로 만든다는 것은 불가능하기 때문에 문만을 강화금속으로 만들고 다른 외벽은 강화콘크리트로 만든다. 건축물의 일부로 중요물품보관실은 보통 건물지하에 설계되기 때문에 건축과정에서 상당한 주의와 기술을 필요로 하며, 이를 지상에 설치하는 경우에는 그 하중을 견디기 위해 별도의 철근구조를 만들어야 한다.

(6) 기타 안전관리

금고 등의 안전장치 이외에도 안전조치로서 경보시스템이 적용되어야 하며, 이밖에도 경비원이 직접 정기적으로 금고를 관리하는 방법과 CCTV에 의해 감시하는 방법 등이 고려되어야 한다. 그리고 이들 안전대상에 대한 계속적인 안전평가 과정이 이루어져야 하며, 안전설비에 대한 지속적이고 정기적인 보수 및 사후관리가 이루어져야 한다.

5) 출입통제

건물내부의 통행을 통제하는 것은 안전계획을 수립하는 데 있어서 가장 중요한 사항 중의 하나이다. 통행통제절차는 내부직원과 외부방문객에 대한 신원 확인, 통제한계의 명확화, 통제지시, 화물이동 통제·검색, 트럭이나 차량통제 등의 내용 등을 포함한다.

(1) 방문객 통제

내부시설을 방문한 사람에 대해서는 기본적으로 반드시 신원확인 절차가 이루어져야 한다. 사람들이 자주 출입하는 곳에는 개개인의 신원확인을 할 수 있는 검색시스템을 설치하는 것이 바람직하다. 사전에 일정한 방문예정이 없이 방문하는 경우에는 대기실 등에서 일정한 절차를 거치도록 하는 것이 필요하며, 일정한 경우에는 방문객임을 확인할 수 있는 신분증을 부착하도록 해야한다. 또한 중요한 장소를 이동하는 방문객들에 대해서는 철저한 감시·관리가 요구되는데, 이들에 대해서는 경비원이 개별적으로 안내하거나 기타의 감시장치를 활용하는 것이 유용하다.

(2) 직원 통제

시설물 내의 직원이 많은 경우에는 직원들의 신원확인을 개인적으로 하는 것이 불가능하기 때문에 신분증을 발급함으로써 효과적인 통행 및 통제절차를 실시할 수가 있다. 통제절차로서 신분증을 사용할 경우에는 평상시 이에 대한 철저한 관리가 요구되며, 갱신이나 분실시의 재발급 기타의 여러 가지 사항에 대한 관리시스템에 필요하다. 그리고 내부 직원들이 사용하는 신분증은 위조 등이 불가능하도록 제작되어야 한다. 한편, 직원 신분증에는 일반적으로 최근 2년 이내의 칼라사진의 부착과 본인의 신상과 관련된 간단한 정보를 수록하는 것도 중요하다. 또한 직원 신분증은 해당직원이 출입가능한 지역 내지 직위에 따라서 색깔을 달리해 제작하는 방법도 고려되어야 한다.

(3) 화물 통제

모든 시설 내에는 그 시설로 들어오고 나가는 물건이나 짐을 확인하기 위한 별도의 통제 절차가 수립되어 있어야 하며 통제절차는 매우 철저하게 이루어져야 한다. 화물이나 짐이 허가 없이 외부로 반출입되는 경우에는 철저한 조사를 해야 하며 반드시 상부에 보고해야 한다. 화물에 대한 통제절차와 취급절차에 관련된 규정은 일반직원들이 충분히 숙지하고 있어야 한다.

(4) 차량 통제

부정직한 내부직원들은 시설물 내의 자료나 물건 등을 외부로 반출하는 수단으로 차량을 이용하는 경우가 많기 때문에 이에 대한 철저한 통제절차가 이루어져야 한다. 일반적인 차량 통제방법으로서 차량에 대한 용도별 분류에 따른 출입허가증 발급 등의 절차가 필요하며, 신분확인 내지 주차스티커와 같은 것을 앞 유리창에 붙이고 들어옴으로써 검색과정을 보다 효과적으로 할 수 있다. 또한 차량에 따라 주차시킬 수 있는 지역도 한정하는 방법도 고려되어야 한다.

6) 점검/경보/감시시스템

경비대상 시설물에 대하여 철저하게 안전장치를 설치하여도 내외부인에 의한 침입 가능성은 언제나 상존한다. 따라서 시설물에 대한 경비원의 일정한 순찰활동과 CCTV 등에 의한 감시체계의 확립이 물리적 경비보안을 위해 무엇보다도 중요하다. 경비활동도 어디까지나 경영의 한 차원으로서 이루어지는 것이기 때문에 비용효과적인 측면이 고려되어야 한다. 시설물에 대한 1차적인 방어개념으로서는 우선 물리적 방어물을 들 수 있는데, 이는 외부의 침입시간을 지연시키기 위한 것이다. 시설물에 대한 2차적인 방어개념으로는 경보장치를 들 수 있는데, 이는 외부의 침입자를 감시하여 이를 중앙통제센터나 지령실, 경찰서 등에 보고하는 역할을 한다. 경보장치는 경비원이 직접적으로 경비활동을 할 수 없는 구역에 설치함으로써 경비원이 감시가 미치지 못하는 취약지역을 보완해 주는 역할을 한다.

(1) 순찰활동

직원들이 퇴근한 후에 경비원들이 사후 점검을 하는 것은 매우 중요하다. 이 과정에서 시설물에 대한 철저한 점검을 실시하고 특히 범죄가 발생 가능한 장소 및 대상에 대해서는 보다 집중적인 확인절차가 이루어져야 한다. 순찰과정에서 중요한 것은 문이나 자물쇠 등에 인식이나 표식을 함으로써 침입흔적을 확인하는 것이다. 또한 일정한 패턴을 유지하면서 정기적인 순찰이 필요함은 물론, 경비원 상호간에 순찰조사에 대한 토론도 필요하다. 그리고 순찰도중 위험상황에 직면하였을 경우 긴급 대응체계가 수립되어 있어야 한다.

(2) 경보시스템

가. 경보시스템의 종류

① 침입경보시스템

경보시스템이 설치된 지역으로 불법적인 침입이 발생했을 때에 경보센서가 작동하게 되어 침입사실을 알려준다.

② 화재경보시스템

화재의 위험성이 높은 곳에 설치되어 화재의 발생을 알려주는데, 경우에 따라서는 경보시스템과 소화장치가 연결되어 있어서 화재발생 즉시 소화장치가 작동하도록 하는 방법도 있다.

③ 특수경보시스템

이상의 두 가지 목적 이외에 별도의 다른 용도로 활용되는 경보장치를 말하는 것으로 예컨대, 실내온도가 너무 낮아질 때 경보를 울리는 장치가 있는가 하면 기계가 너무 빨리 작동을 한다거나 기계고장이 감지되는 경우 이를 알리는 장치도 있다. 일반적으로 기계고장이나 오작동의 발견을 목적으로 많이 사용된다.

나. 경보시스템 작동절차

경보시스템의 작동과정을 보면 일단 외부에 센서가 설치되어 있어서 일반적인 상황과 비정상적인 상황을 감지한다. 회로는 센서의 정보를 파악하여 작동여부를 결정하게 되며 작동하고자 하면 즉시 중앙통제센터나 경찰서, 소방서, 경비센터로 신호를 보내게 된다. 화재경보기의 경우에는 살수기나 분무기에 신호를 보내 화재진압에 필요한 모든 장비를 작동케 한다. 경보기의 설치 시 아래와 같이 여러 가지의 문제들을 계속적으로 검토해야 한다.

① 경보에 누가 가장 빨리 효과적으로 대응할 수 있었는지의 여부
② 만약 오작동일 경우 그에 따르는 손해배상의 정도
③ 비용관계로 값이 싼 경보기를 설치하였을 경우 발생할 수 있는 손해액의 정도

다. 경보체계

① 중앙모니터시스템

중앙모니터시스템은 가장 일반적으로 활용이 되는 경보체계로서 CCTV의 운용이 주로 활용된다. 중앙모니터시스템은 일단 경비원이 감시를 하기 때문에 사태에 대한 파악이 기계보다는 빠르며 이에 대한 대응도 적절하게 이루어질 수 있다. 또한 오경보나 오작동의 우려도 상대적으로 낮다.

② 상주경보시스템

상주경보시스템은 각 주요지점에 일일이 경비원을 배치하여 비상시에 대응하는 방식이다. 가장 고전적인 방법으로 많은 인력이 필요하다는 단점을 가지고 있다. 사람이 일일이 조사와 경비, 순찰을 하기 때문에 문제발생시 가장 빠른 대응이 가능하다.

③ 제한적경보시스템

제한적경보시스템은 사이렌이나 종, 비상등과 같은 제한된 경보장치를 설치한 것이다. 일반적으로 화재예방시설이 이 시스템의 전형이라고 볼 수 있는데, 단점으로는 사람이 없으면 대응이 전혀 안 되기 때문에 무용지물이라는 점이다. 비상사태가 발생하여 사이렌이나 경광등이 켜지게 되면 이를 감지한 경비원이 즉시 경찰서나 소방서에 연락을 취하는 방식이다.

④ 외래지원경보시스템

외래지원경보시스템은 전화회선 등을 이용하여 외부의 경찰서나 소방서에 연락을 취하는 방식으로서 비상사태가 감지되면 자동으로 관련 공공관서에 연락이 취해지는 시스템이다. 사람이 필요없기 때문에 인건비 절약 차원에서 좋지만 오경보의 발생문제가 크다.

라. 경보센서 설치

경보센서는 외부의 직접적 자극을 그대로 감지하여 반응하는 장치를 의미하는 것으로, 이 장치의 설치 시에는 반드시 경비대상의 지역이나 공간, 주변의 상황이 모두 고려되어야 한다. 이 이외에도 소음의 정도나 분진 등의 요소들을 정확하게 고려하여 설치하여야 한다.

① 전자기계식센서

전자기계식센서는 접촉의 유무를 감지하는 가장 단순기능의 경비센서이다. 이는 접지방식을 활용한 것으로서 문과 문 사이에 접지극을 설치해 두고서 이것이 붙어 있을 경우에는 전류가 흐르기 때문에 정상으로 보고 문이 열리게 되면 회로가 차단되기 때문에 문이 열린 것을 알 수 있는 것이다. 일반적으로 창문을 통한 침입을 감지하기 위해 이 장치가 설치되며 그 비용 면에서도 저렴하기 때문에 많은 분야에 사용되고 있다.

② 압력반응식센서

압력반응식센서는 센서에 직·간접적인 압력이 가해지면 작동하게 되어 있다. 일반적으로 자동문이나 카페트 밑에 많이 설치되는데 침입자가 이 센서를 건드리거나 밟게 되면 그 즉시 센서가 작동하여 신호를 보내게 된다. 이 센서의 설치시에는 침입자의 이동경로를 사전에 예측하고서 그 장소에 센서를 설치하면 효과적이다.

③ 자력선식센서

자력선식센서는 지붕이나 천장, 담벼락 등에 주로 설치하는데, 자력선 발생장치를 설치한 후에 침입자가 자력선을 접촉할 때 경보를 보내는 장치이다. 보통 교도소나 대규모 은행과 같이 외벽으로 보호를 받는 구역에서 이 장비를 주로 사용하고 있다. 각 센서에서는 자신이 보낸 자력에 조금이라도 이상이 감지되면 중앙통제센터에 알려짐과 동시에 경보나 경광등이 작동하게 된다.

④ 광전자식센서

광전자식센서는 일반적으로 레이저광선을 발사해서 침입자를 발견하는 장치이다. 레이저를 발사하는 방사기 주변을 폭넓게 감시할 수 있도록 성능이 우수하며, 외부침입자에 대해 철저하게 발견해낼 수 있는 능력을 가지고 있다. 레이저광선이 중간에 끊기게 되면 이것이 곧바로 비상신호로 바뀐다. 그러나 레이저광선을 볼 수 있는 안경이나 장치를 착용하게 되면 광선이 어디를 지나가고 있는지가 쉽게 파악되기 때문에 보다 고차원적인 기술로서 자외선이나 적외선을 사용하는 센서도 개발되어 있다. 반드시 보이지 않는 지역에 광전자센서를 설치해야 한다. 광전자센서를 보완하기 위해 반사경과 같은 유리장치가 사용된다. 반사경은 광전자를 발사하는 장치로부터 광선을 받아서 다른 곳으로 반사시키는 역할을 하며 여러 개의 반사경을 사용하여 보다 복잡한 감시체계를 구성할 수도 있다.

⑤ 초음파탐지장치

초음파탐지장치라는 것은 송신장치와 수신장치를 설치하여 양 기계간에 진동파를 주고받는 과정에서 어떠한 물건이 들어오면 그 파동이 변화됨을 감지하는 장치이다. 아주 조그만 움직임에도 민감하게 반응할 수 있기 때문에 오경보를 낼 가능성이 상당히 크다.

⑥ 콘덴서경보장치

콘덴서경보장치는 모든 종류의 금속장치를 보호하기 위해 개발된 경보장치로서 금고와 금고문, 각종 철제로 제작된 문, 담 등을 보호하기 위해 고안되었다. 개개의 금속에 이 경보기를 설치함으로써 외부의 충격을 쉽게 감지할 수 있다. 이는 전류의 흐름으로 외부충격을 파악하는 것으로 계속적인 전류의 흐름을 방해하는 경우에 이를 외부에 의한 충격으로 간주하고 경보를 울리게 된다.

⑦ 음파경보시스템

음파경보시스템은 소음탐지경보기, 음향경보기, 가정주파수경보기 등의 다양한 이름으로 불리고 있으며 외부인이 침입한 경우 그가 내는 소리를 듣고서 경보를 내는 기기이다. 단점은 주변에 소음이 많은 장소에서는 사용이 불가능하다. 음파경보시스템의 소리감응(기계의 청력) 부분은 경비원에 의해 조정이 가능하다.

⑧ 진동탐지기

진동탐지기는 보호대상인 물건에 직접적으로 센서를 설치하여 그 물건이 움직이게 되면 경보를 발생하는 장치이다. 일반적으로 고미술품이나 전시중인 물건을 보호하기 위해서 이 장치를 사용한다. 이 장치는 도난을 방지하는 목적으로 사용되기 때문에 오차율이 극히 적으며 그 정확성 또한 높다.

⑨ 전자파울타리

전자파울타리는 앞에서 이야기한 광전자식센서를 보다 복잡하게 개발한 장치로서 레이저광선을 3가닥 내지는 9가닥 정도까지 쏘아서 하나의 전자벽을 만드는 것이다. 물론 광전자식 센서와 마찬가지로 벌레나 기타의 동물에 의한 오보율이 높다는 문제점이 있다.

⑩ 무선주파수장치

무선주파수장치는 극히 한정적인 분야에 사용된다. 광전자식센서와 비슷하게 작동되기는 하지만 레이저광선이 아닌 무선주파수를 쓴다는 점에서 차이가 있다. 침입자에게서 나오는 열에 의해 전파의 이동이 방해받으면 그 즉시 경보를 울리는 방식으로 되어 있다. 열감지식은 아니지만 열을 이용하는 방식이기 때문에 인간의 체온을 활용한 경비센서라고 볼 수 있다.

마. 경보시스템 비용효과성 측정

경보시스템을 설치할 때에는 반드시 시스템의 영구성 등 경제적인 측면을 고려하여 이를 체계적으로 설치해야 한다. 경비계획단계에서부터 침입가능성이 큰 지역을 선정하는 것이 우선적으로 중요하고, 그 다음으로 중요한 것은 그 지역에 어떠한 장치를 설치할 것인가를 결정하는 것이다. 경보기기의 또 다른 설치목적은 경비인력을 줄이기 위함이므로 가용인력의 범위를 정하여 비상사태가 발생하였을 경우 이에 대응가능한 인력이 어느 정도인가를 파악하여 설치장치의 종류를 결정해야 한다.

7) 감시시스템

경비시설에 대한 감시는 보통 순찰경비원에 의해 행해지며 범죄로 인한 침입이나 시설과 손괴의 흔적을 찾는다. 만약 어떠한 조치가 필요하다고 생각되면 그에 상응하는 적절한 행동을 취해야 한다.

(1) CCTV

경비원의 감시범위를 확대하기 위해서 폐쇄회로텔레비젼(CCTV: Closed Circuit Television)을 각 복도나 입구, 창문, 금고, 귀중품보관실 등의 정면이나 측면에 설치하여 자세히 관찰한다. 녹화된 내용은 사후 침입자를 확인하거나 사건정황을 분석할 때 귀중한 자료가 될 수 있기 때문에 일정기간 의무적으로 보관해야 한다. CCTV는 한사람에 의해 여러 곳을 감시할 수 있기 때문에 비용절감 효과를 가져다주는 장점이 있다.

(2) 기타 영상기기

연속촬영카메라라는 고속필름을 사용하여 경비지역을 연속적으로 사진을 촬영하는 장치로서 침입자가 감지된 경우 센서의 신호를 받아 침입자의 사진을 연속적으로 촬영하는 기능을 갖고 있다. 사진의 시간적 간격은 사전에 조정이 가능하며 적외선이 방출되는 곳과 어두운 곳에서는 적외선 전용 필름을 사용하여 원활한 촬영이 가능하다. 필름의 선명도가 CCTV에 비해 높다는 장점을 가지고 있으며, 필름을 자주 교체해야 한다는 기존의 단점이 보완되고 있어 앞으로 크게 활용될 것으로 보인다.

(3) 요 약

오늘날 경비산업은 기존의 인력경비에서 최첨단 장비를 이용한 기계경비시스템으로 전환하고 있다. 이러한 상황에서 보다 원활한 경비운영을 하기 위해서는 무엇보다도 기계경비에 대한 투자를 아끼지 말아야 할 것이다. 기존의 인력에 의존하는 경비에서 이제 탈피해야 함은 물론이고 보다 효과적인 경비운영을 위해서는 기계경비시스템을 적극적으로 활용해야 할 것이다. 인력경비는 전적으로 사람에 의해서 모든 것이 이루어지기 때문에 경비활동의 연속성을 100% 기대하기 어렵다. 그러나 기계경비는 어떠한 경우에도 24시간 연속적으로 감시체제가 이루어지기 때문에 경비시설물을 보다 효율적으로 관리할 수 있다.

5 직무수행능력평가

(1) 평가기준

성취수준	수행정도	평가점수
5	해당지식과 기술을 **완벽하게 습득하여** 직무수행에 필요한 기술적인 사고력과 문제의 해결능력을 토대로 **주도적으로 완벽하게 임무를 수행**할 수 있다.	75–80
4	해당지식과 기술을 습득하여 직무수행에 필요한 기술적인 사고력과 문제의 **해결능력을 토대로 임무를 수행**할 수 있다.	70–74
3	**해당지식과 기술을 대부분 습득**하여 직무수행에 필요한 지식과 기술을 **대부분 수행**할 수 있다.	65–69
2	**해당지식과 기술을 부분적으로 습득**하여 **타인과 공동으로 직무수행**할 수 있다.	60–64
1	**해당지식과 기술이 부족함이 있어 타인의 도움을 받아야만 직무수행**할 수 있다.	60 미만

(2) 평가문항

평가자는 다음 사항을 평가해야 한다.

- 중점경계요소의 이해능력
- 의심자에 대한 질문능력
- 경계활동 중 발생한 제반 상황의 조치능력
- 감시장비 및 방호장비의 특성 이해능력
- 감시장비 및 방호장비의 설치 및 유지능력
- 보고 및 신고 방법 숙지

NCS 기반
일반경비원
신임교육교재

04

호송경비 실무

1) 호송경비의 의의

(1) 개 념

호송경비란 「경비업법」 제2조 제1호 나목(호송경비업무)에 의거하여, 운반중에 있는 현금·유가증권·귀금속·상품 그 밖의 물건에 대하여 도난·화재 등 위험발생을 방지하는 업무로 규정하고 있으며, 무장된 차량과 무장경호경비원들이 높은 가치 또는 위험성을 가지는 물품을 안전하게 호송하는 활동이다. 단, 심부름센터나 택배서비스와 같은 탁송회사들은 민간경비가 아닌 주변적(사회적) 영역으로 보아야 한다.

(2) 중요성

호송경비의 대상은 현금, 귀중품, 폭발물 등이므로 범죄자의 제1의 목표물이 될 가능성이 높고 이를 탈취하기 위한 수법도 조직화, 과학화(지능화), 대형화, 무장화 등의 경향으로 호송경비의 중요성이 높아가고 있다. 또한 안전한 호송이 되지 못했을 때의 경제적·사회적 혼란은 피해당사자에게만 국한되지 않는 전사회적·국가적 문제화될 가능성이 있다.

---

1) NCS 미반영 분야

(3) 호송방식

가. 단독호송방식

㉠ 통합호송방식 : 경비업자가 자사소유의 무장호송차량 또는 일반차량을 이용하여 운송업무와 경비업무를 겸하는 호송경비방식이다.

㉡ 분리호송방식 : 운송업자가 호송대상 물건을 자신의 차량으로 적재 운송하고 경비업자가 경비차량과 경비원을 통해 호위하는 방식이다.

㉢ 동승호송방식 : 운송업자가 운송하는 차량에 경비원이 동승하여 호송업무를 행하는 경비방식이다.

㉣ 휴대호송방식 : 경비원이 직접 호송대상 물건을 휴대하여 운반하는 경비방식이다.

나. 편성호송방식

조를 편성하여 호송업무를 행하는 경비방식이다.

(4) 호송수단에 의한 분류

① 차량호송
② 도보호송
③ 열차호송
④ 선박호송
⑤ 항공기호송

2) 호송경비의 계획(호송계획 수립 및 호송경로 선택)

호송경비의 수준이나 차량의 선택 등은 사회적 환경, 지역적 특성 등을 고려하여 결정한다. 즉, 사고발생 가능성에 대한 분석이 필요하며, 사고발생 가능성이 높은 시점(경비원이 차량에 탑승하는 순간, 금고를 개폐하는 순간, 운송자와 호송경비원과의 간격이 멀어진 경우 등), 되도록 피해야 할 경로(상습정체구간, 사고다발구간, 공사구간, 보행자가 많은 구간, 신호기 또는 육교가 많은 구간, 인적이나 인가가 없는 한적한 도로 등)를 선정하여 호송경비시 유의해야 한다.

3) 호송경비의 실시

(1) 호송임무 수행절차

가. 사전준비

㉠ 호송요원 점검 : 근무일정, 임무할당, 신분증, 면허증, 호신장구, 건강상태 등 점검
㉡ 운행 전 차량점검 : 차량상태, 방범장치, 차량용구 등 점검
㉢ 예비차량 및 호송요원 확보 : 만약의 사태에 대비하여 비번 근무자들로 구성

나. 물품의 인수-양도

㉠ 인수-양도 절차 : 인계자와 인수자 신분확인 후 접수부에 서명
㉡ 인계-양도시 고려사항 : 고가의 물건의 경우, 안전이 보장되도록 2중 잠금장치가 설치된 금고실이나 보관실에 보관하며, 일반 물건의 경우, 시야가 넓은 장소에 보관한다.

다. 연락방법

호송업체 본부 상황실(기지국)과 호송요원 간에 연락채널을 구비하고, 만약의 사태 발생시 경찰관서와 병원 등 연락채널을 구비

2 현금수송

1) 현금수송의 10원칙

① 현금수송은 치밀하고 주도면밀한 계획으로 시행한다.
② 현금수송 경비원은 절대 현금의 곁을 떠나서는 안 된다.
③ 현금수송에 필요한 인원은 책임자를 포함한 2명 이상으로 한다.
④ 자체차량을 이용하고, 운전자 성명과 차량번호를 기록한다.

⑤ 인수 담당자와 현금수송 책임자 간에 수도하여야 한다.

⑥ 반드시 일몰 전에 완료하여야 한다.

⑦ 사고 발생시 자점 또는 인근점포를 통하여 연락하여야 한다.

⑧ 송부영수서를 서류로 행할 시에는 책임자 간의 유선연락을 필한다.

⑨ 운송업자에게 위탁할 경우, 반드시 배상책임보험가입을 한다.

⑩ 부정기적인 시간에 행하여야 한다.

2) 금융기관 범죄발생의 문제점

① 현금수송장비의 취약성(장비의 노후화)

② 외부인력사용에 따른 노출 과다(민간경비 업체 인력 사용)

③ 청원경찰의 업무과다(겸무업무 과중)

3) 금융기관 범죄발생의 대책방안

① 범죄기회의 제거(인력 및 장비 확충)

② 감시 강화(CCTV)

③ 접근제지수단 확보

  ㉠ 통제지역(허가된 차량만 출입)

  ㉡ 제한지역(일반인의 출입불가)

  ㉢ 배제지역(고가의 화물 보관장소)

3 호송경비장비

1) 호송차량

현금 및 귀중품 등의 운반에 필요한 견고성 및 안전성을 갖추고, 무선통신시설 및 경보시설을 갖춘 자동차를 사용한다.

2) 호송가방

현금 및 귀중품 등의 운반에 필요한 이동용 호송장비로서 경보시설을 갖춘 가방을 사용한다.

3) 복제 및 장구

경비인력 수 이상의 복제 및 경적, 경봉, 분사기 등의 장구를 갖추어야 한다.

4) 호송부대장비

통신장비, 통화장비, 경보장치, 조명시설과 점멸등, 신호탄 등을 구비하여 습격 등에 대한 안전성을 확보하며, 탈취당했을 경우를 대비한 필요한 구조장비도 구비해야 한다.

05

NCS 기반
일반경비원
신임교육교재

신변보호실무

05
신변보호실무

1 직무명 및 NCS 능력단위

직무명	능력단위	능력단위코드	학습모듈
01. 경호, 경비, 보안	수행경호	1101010207_14v1	경호모듈

2 목표 및 개요

교과목개요 및 특징	**[교과목개요]** 경호대상자를 수행하면서 발생할 수 있는 각종 위해요소를 최근접에서 예방하고 제거하는 능력이다 **[교과목특징]** 신변보호가 필요한 사건사고상황을 이해하고 현장대응 능력을 향상시킨다.
교육목표 (수행준거)	1.1 경호계획을 토대로 세부적인 도보대형운용지침을 수립할 수 있다. 1.2 사전에 행사의 성격이나 규모와 관련한 정보를 파악할 수 있다. 1.3 사전에 이동하고자 하는 이동로에 대한 정보를 파악할 수 있다. 1.4 파악된 관련 정보를 토대로 도보대형의 운용방식을 결정할 수 있다. 1.5 도보대형과 경호원의 위치는 장소와 상황에 따라 융통성 있게 변화를 주어 운용할 수 있다. 1.6 도보대형을 운용하기 전에 경호대상자에게 이동목적지와 방법 등에 대한 개략적인 브리핑을 할 수 있다.
	2.1 경호계획을 토대로 세부적인 차량대형운용지침을 수립할 수 있다. 2.2 사전에 행사의 성격이나 규모와 관련한 정보를 파악할 수 있다. 2.3 사전에 이동하고자 하는 이동로에 대한 정보를 파악할 수 있다.

	2.4 차량이동전에 경호원들은 경호대상자의 승차지점과 하차지점에 대한 복수의 방안을 마련하고 숙지할 수 있다. 2.5 파악된 관련 정보를 토대로 차량대형의 운용방식을 결정할 수 있다. 2.6 차량대형과 차량의 위치는 장소와 상황에 따라 융통성 있게 변화를 주어 운용할 수 있다. 2.7 차량대형을 운용하기 전에 경호대상자에게 이동목적지와 방법 등에 대한 개략적인 브리핑을 할 수 있다. 2.8 차량이동시 발생하는 비상시 차량이용대응책을 강구할 수 있다.
	3.1 경호계획을 토대로 세부적인 우발상황대응지침을 수립할 수 있다. 3.2 우발상황 발생시 조치에 대한 사전 반복훈련을 실시할 수 있다. 3.3 우발상황 발생시 신속한 엄호 후 최단 시간 내에 현장을 이탈할 수 있다. 3.4 경호대상자가 현장을 이탈함과 동시에 위해상황 및 위해자에 대응할 수 있다. 3.5 부상자나 사상자가 발생할 경우 응급처치 후 후송할 수 있다.
교육내용	도보대형운용하기/차량대형운용하기/우발상황조치하기

장비 및 도구	NCS능력단위	자체능력단위
	• 기동장비 호신장비 통신장비	• 시청각 장비 (교재, 법전, 빔, 컴퓨터, 영상자료 등)

교수학습방법	이론 강의	실습	발표	토론	팀 프로젝트	캡스톤 디자인	포트폴리오	기타
	O							O

평가방법	A	B	C	D	E	F	G	H	I	J	K	L	M
			O			O	O						

A.포트폴리오 B.문제해결 C.서술형시험 D.논술형시험 E.사례연구 F.평가자질문
G.평가자체크리스트 H.피평가자체크리스트 I.일지/저널 J.역할연기 K.구두발표
L.작업장평가 M.기타

교육정보	국가직무능력표준(NCS)

③ 진단평가

(1) 개   요

학습자 스스로가 학습 출발점을 알고 자기주도형 학습이 가능하도록 체크리스트를 활용해 학습진단을 할 수 있도록 한다.

(2) 평가내용

영역 (능력단위요소/코드)	진단문항	자가진단		
		우수	보통	미흡
공통기초	• 본인의 문서이해능력은 어느 정도인가?			
	• 본인의 경청능력은 어느 정도인가?			
기초내용강화하기	• 본인의 신변보호에 이해 정도는?			
	• 본인의 응급상황조치에 대한 이해 정도는?			

(3) 평가시기 : 1교시

(4) 평가방법 : 자가진단평가를 활용

(5) 평가 시 고려사항 : 진단평가 결과는 교육평가에 반영되지 않으므로 학습자가 솔직하게 문항에 응답하고 자신의 학습상태를 확인해 볼 수 있도록 지도한다.

(6) 평가결과 활용계획 : 수업운영 및 교육생 상담 등에 활용한다.

④ 교과내용

4-1 신변보호의 개념

1) 신변보호의 정의

(1) 대통령 등의 경호에 관한 법률(제2조)

신체에 대하여 직접적으로 가해지는 위해를 근접에서 방지 또는 제거하는 호위와 생명 또는 재산을 보호하기 위하여 경계, 순찰, 방비하는 경비를 통합하는 개념이다.

(2) 경비업법(제2조)

사람의 생명이나 신체에 대한 위해 발생을 방지하고 그 신변을 보호하는 업무로 정의한다.

2) 경호업무의 목표

경호업무의 주목표는 암살, 납치, 혼란, 신체적 상해로부터 경호대상자를 보호함에 있다. 동시에 주도면밀하고 실제적인 범행의 성공기회를 최소화하고 자연적, 물리적인 위협요소에 대비하여 경호대상자의 신변을 완벽하게 보호하는 것이다.

3) 경호의 목적

① 질서유지와 혼잡방지
② 신변 및 안전의 보호
③ 국위선양 – 경호의 우수성 과시
④ 권위유지 – 국격유지
⑤ 환영, 환송자와 친화도모

4) 경호작용의 주요 기능

① 침투, 강습에 대비한 호위 및 경비
② 각종 물리적 위해 및 사건, 사고로부터 보호

5) 신변보호의 중요성

경호제공 전후의 미국대통령 암살 통계분석(4건 시도 중 3명 사망→5건 시도 중 4명 구출)

6) 경호의 이념

① 합법성
② 협력성
③ 보안성
④ 희생성
⑤ 정치적 중립성

4-2 경호의 구분

1) 경호 대상에 의한 분류

(1) 공경호(公警護)

경호의 객체인 피경호인의 신분과 무관하며 경호를 시행하는 주체, 즉 경호원의 신분이 국가공무원인 경우를 공경호라 한다.

대 상	내 용
甲호	대통령과 그 가족, 대통령당선자와 그 가족, 외국의 원수 또는 특사
乙호	국회의장, 대법원장, 국무총리, 헌법재판소장 및 이외 대등한 지위에 있는 외국인사
丙호	갑호, 을호 이외의 경찰청장이 필요하다고 인정하는 주요 인사

(2) 사경호(私警護)

경호의 객체인 피경호인의 신분과 무관하며 경호원의 신분이 민간인인 경우 이를 사경호라 한다.

2) 경호작전체계에 의한 분류

(1) 예방경호

예방경호라 함은 피경호인의 신상자료의 확보와 피경호인을 중심으로 한 경호환경의 분석 등과 관련하여 경호정보(Intelligence)를 수집하고 피경호인 주변의 인적, 물적, 지리적 취약요소에 대한 보안업무를 수행하며 위해평가를 통하여 위해수준을 계량화하는 등의 수집, 분석 및 안전대책업무를 예방경호라 한다.

(2) 근접경호

근접경호라 함은 경호의 정의에서 보듯이 신체근접에서 발생되는 위해를 제거하거나 방지하는 호위의 개념과 주거지 혹은 행사장 지역을 순찰, 방비, 경계하는 경비의 제 작전 개념을 총칭해서 근접경호활동으로 정의할 수 있다.

3) 경호작전지역(장소)에 의한 분류

(1) 행사장 경호

옥내행사라 함은 회의장, 각종집회, 공연장, 세미나, 오·만찬 등 실내에서 이루어지는 모든 행사를 말한다. 옥외행사는 이에 대비되는 의미로서 대규모 각종집회, 스포츠행위 및 관람 등의 행사유형이 있다.

(2) 숙소경호

숙소경호는 숙소의 출입구 및 그 주변의 경호를 말한다.

(3) 연도(노상)경호

연도경호라 함은 보도이동 혹은 차량 이동 시 도로의 각종 취약요소에 대비하는 경호형태를 말한다.

4) 성격에 의한 분류

(1) 공식경호

공식 행사시 사전 통보에 의해 계획하여 실시하는 경호

(2) 비공식경호

비공식 행사시 사전에 통보나 협의 없이 이루어지는 경호

(3) 약식경호

일정한 방식에 의하지 않는 경호

5) 경호수준에 의한 분류

(1) 1(A)급 경호

현충일, 광복절 행사 등 국경일 행사와 공식적인 행사에 참석하는 국왕 혹은 대통령 등 국가원수급 경호

(2) 2(B)급 경호

행사준비 등의 시간적 여유가 없이 갑자기 결정된 행사로 수상급의 경호

(3) 3(C)급 경호

행사준비 등 경호조치가 거의 없는 장관급의 경호

6) 형식(근무형태)에 의한 분류

(1) 노출경호

경호복장 등으로 경호원임을 쉽게 구분할 수 있게 공개적으로 행하는 경호

(2) 비노출경호

자유복장으로 경호원 신분을 비노출하는 경호

(3) 혼합경호

노출과 비노출을 혼합하는 경호방법

4-3 경호의 법원(法源)

1) 헌 법

헌법전은 가장 기본적인 경호의 법원임
① 대통령 : 국가원수, 행정수반, 국군통수권자로서 지위
② 전직대통령 : 신분과 예우에 관하여 법률로 규정함
③ 국무총리 : 대통령을 보좌하고 행정각부를 총괄
④ 기타 : 입법, 사법, 행정부의 주요 경호대상의 법적 지위를 규정

2) 법 률

(1) 대통령 등의 경호에 관한 법률 : 1963.12.14.(대통령경호실법) 제정, 2012. 12.11.(대통령 등의 경호에 관한 법률)−대통령 등 퇴임 후 10년 이내의 경호 규정

(2) 전직대통령 예우에 관한 법률 : 1969년 제정, 8차 개정헌법에 조항신설
(전직대통령−비서관3명과 운전기사1명, 대통령 서거시 배우자 비서관1명과 운전기사1명)

(3) 경찰관 직무집행법 : 1953.12.14. 제정−경비, 주요 인사경호 및 대간첩, 대테러작전 수행 규정

(4) 경비업법 : 1976.12.31. 제정−신변보호업무 규정

(5) **청원경찰법** : 1932.4.3. 제정—청원경찰관의 직무범위를 경찰관 직무집행법
제2조의 범위로 함을 규정

4-4 경호의 원칙

1) 경호 실무에 있어서 인적 구성요소

(1) 경호원(Security Agents)

(2) 피경호인(Protectee)·의뢰인(Client)

① 영구적 피경호인(Permanent Protectee) : 최소한 1년 단위 이상의 경호작전이
요구되어 행정적으로 조직의 편제가 요구되는 피경호인을 말한다.
② 단기간 피경호인(Temporary Protectee) : 수개월 혹은 수일 이하의 단기의 경호
작전이 요구되어 일시적인 특수임무팀으로 임무가 가능한 피경호인을 말한다.

2) 경호위해의 종류(Type of Threat)

『암살, 유괴, 납치, 폭력』 등이 있으며, 위해분자(Intruder)의 유형으로는 정신질환
자를 포함하는 괴짜(Crank), 테러리스트(Terrorists), 반대단체(Hate groups), 극단주의자
(Extremists), 극렬노동자(Violent-employees), 해고근로자(Displaced), 각종의 상습 범죄자
(Criminals), 사교집단, 광신도(Cults), 조직폭력배(Members of gang), 연속살인범(Serial
killer), 불평불만자(Disaffected person) 등

3) 위해(암살)의 동기

혁명적 동기/적성국의 적대적 동기/경제적 동기/정치적, 이념적 동기/심리적 동기/
개인적 동기

4) 위협(위해)평가(Threat Assessment)

- 위해수준의 평가의 계량화 표본
  - Level1 : Critical(대단히 심각한)
  - Level2 : High Threaten(심각한)
  - Level3 : Medium Threaten(비교적 중대한)
  - Level4 : Low Threaten(비교적 낮은)
  - Level5 : No Threaten(위해가 없는)

5) 경호의 일반원칙

(1) 삼중(三重)경호원리

삼중(三重)경호원리는 영국의 경호교리에서 시작되었다.

피경호인을 중심으로 거리개념에 따라 작전구역이 "근접경호구역", "중간경호구역", "외곽경호구역"으로 설정된다.

설정된 각 작전구역은 해당부서의 책임 하에 필요한 작전요소들이 투입되며 상호 지휘 통제 없이 협조 하에 경호 임무를 수행한다.

- 근접경호 : 요인의 신변보호 및 숙소경비
- 중간경호 : 정복경찰관의 경찰활동, 교통질서정리, 관찰, 통신 등의 작용을 통한 경호
- 외곽경호 : 정보분석, 항만관리, 위험인물의 목록작성, 사건발생 소지의 사전적 예방 경호

(2) 경호 낭(囊) 이론

절대안전구역을 의미하는 말로서 미국 경호실(The Secret Service)의 철학적 개념으로 발전된 "경호 낭(Theory of Protective Envelope)" 이론은 경호원들이 피경호인을 안전하게 둘러싸서 일정한 안전지대를 형성하여 경호하는 이론으로써 피경호인, 장소 및 경호환경에 따라 Envelope의 크기와 형태가 달라진다.

(3) 두뇌경호의 원칙 : 사건 발생 시 예리하고 순간적인 판단력

(4) **방어경호의 원칙** : 방어위주의 엄호행동

(5) **은밀경호의 원칙** : 은밀하고 침묵 속에 대상자의 업무활동에 방해주지 않는
다는 원칙

6) 경호의 특별원칙

① 자기 담당구역 책임의 원칙
② 목표물 보존의 원칙
③ 하나의 통제된 지점을 통한 접근의 원칙 : 경호대상과 일반인을 분리하여 경호
하되 경호대상자와 접근할 수 있는 출입구나 통로는 하나만 필요하다는 원칙
④ 자기 희생의 원칙

7) 사경호의 원칙

① 수익자부담의 원칙
② 서비스중심의 원칙
③ 사법기관과 충돌방지 원칙
④ 불법업무 개입금지 원칙

4-5 　경호조직

1) 경호조직

(1) **의 의** : 경호대상자의 신변보호를 효율적으로 수행하기 위해 구성된 체계적
인 조직을 의미함

(2) 경호조직의 특성

- 기동성
- 통합성과 계층성
- 폐쇄성
- 전문성
- 대규모성

(3) 경호조직구성의 원칙

- 경호지휘 단일성의 원칙
- 경호체계 통일성의 원칙
- 경호기관단위 작용의 원칙
- 경호협력성의 원칙

일반적인 경호팀은 통상 팀의 최고책임자인 경호대장아래, 피경호인과 기동 간 혹은 행사장에서 근접에서 동행하며 호위를 담당하는 수행경호팀과 행사장에 사전 답사 및 배치되어 경호계획을 수립하고 각종 취약요소를 관리하는 선발 경호팀으로 구분된다.

2) 각국의 경호기관

(1) 한 국

① 대통령경호기관-대통령경호실
② 경찰청 경비국-국무총리 등 주요요인 경호, 대통령관저의 경비, 국회의장, 대법원장, 헌재소장, 경찰청장이 필요하다고 인정한 인사 경호

(2) 미 국

① 비밀경호국(SS) : 국토안보부 소속이며, 링컨이 통화위조단속기관으로 설치한 것이 효시임. 산하 조직으로 관리부, 수사부(통화위조수사), 경호운용부(대통령 등

경호), 경호조사부(정보수집분석), 제복경찰부(관저경비, 요인 사택경비 등)
② 연방범죄수사국
③ 중앙정보부

(3) 영 국

① 내무성 소속 수도경찰청 작전부 : 영국 여왕의 경호기관으로서 왕실 및 외교관 경호대임
② 수도경찰청 특수부 VIP 경호과 : 경호전반에 관한 계획 수립 및 통제를 하며 수상과 장관 등 요인 경호를 함

(4) 일 본

① 동경도 경시청과 황궁경찰본부 : 경시청(외국국빈과 정부요인, 최고재판소장, 국무대신, 외교사절, 경찰청장이 지정하는 자), 황궁경찰본부(천황, 황족 경호 및 황궁경비)
② 내각 정보조사실과 공안조사청 등 유관기관이 있음

(5) 프랑스

① 내무부 경찰청 경호국 : 대통령경호기관이며 경호요원은 별정직 국가공무원
② 국방부 국가헌병경찰 산하 공화국경비대 : 대통령궁 및 별장 등의 관저 경비담당 (대통령경비대, 안전관리대, 오토바이부대, 경호정보수집 파견대, 군악대 등으로 구성)

(6) 독 일

① 연방범죄수사국 경호안전과 : 연방범죄수사국은 범죄수사의 중앙기구이며 경호요원은 경찰관임. 경호안전과는 독일의 대통령경호기관임.

4-6 경호활동(작용)

1) 경호요원이 되기 위한 우선조건

- 정보의 수집 및 분석을 위한 지적 능력
- 합리적이고 성숙한 순간적인 판단력
- 어떠한 환경도 극복할 수 있다는 자신감
- 궂은 일에 솔선수범 하는 희생정신
- 체계적이며 유기적인 업무 수행능력(작전능력)
- 오랜 경호업무 수행에 지장이 없는 체력 및 체형
- 원만한 대인관계 및 대화 기술

2) 경호활동시 기본 고려요소

① 계획수립 : 경호위협요소 분석과 경호실시를 위한 제반 정보수집과 경호계획수립
② 책임 : 임무별 책임부여
③ 자원 : 경호상황분석 결과에 좌우
④ 보안 : 엄격한 정보통제 필요

3) 수행경호

(1) 수행경호의 의의

수행경호란 피경호인이 도보 및 각종 기동수단을 이용하여 이동할 때 근접호위 활동과 행사장에서 이루어지는 근접호위 활동을 수행경호라 한다.

주요 전술 활동으로는 사주경계, 근접도보대행, 차량 기동 간 경호 등이 있다.

한편 기동수단에 따라 기동 간 경호는 육로경호(차량 이동 간), 공중경호(헬기 및 비행기), 철도경호(기차 및 전동차), 해상경호(선박) 등이 있다.

(2) 사주경계 방법

팀 단위 경호시 각 개인의 책임구역을 중첩되게 설정하며 적응 시와 이원시를 고려하고 "가까운 곳에서 먼 곳으로", "좌에서 우로", "아래에서 위로 위에서 아래로" 중첩해서 감시를 하며 경호원의 시선이 한 곳에 고정되지 않도록 하고 마찬가지로 지나치게 시선의 위치가 중구난방으로 변화하는 것도 바람직하지 못하다.

야외인 경우 선글라스를 착용하는 것도 무방하다.

(3) 경호 도보 대형

피경호인이 실내·외를 도보로 이동할 때 강습 및 근·원거리로부터의 저격을 막기위한 최후의 경호 낭(Protective Envelope)을 인체의 벽으로 절대안전구역을 형성하고 주위의 인적·물적·지리적 취약요소에 대한 사주경계를 통하여 기타 우발사태에 대비하며 사고 발생 시 가장 효율적으로 즉각 대응조치를 하기 위한 일련의 전술행위이다.

4) 경호대형의 유형

(1) 기본경호대형

1인 대형, 2인 대형(Pair Work), 3인 대형(Wedge Formation), 4인 대형(Diamond Formation), 5인 대형(Pentagon Formation), 6인 대형

(2) 방호대형

함몰형 대형(Cave-In Formation), 방호적 원형 대형(Defensive Circle Formation) 등이 있다.

1인 대형 (1:1동행경호)	위해상황 발생 시 경호원 1인이 피경호인을 안전하게 지킬 수는 없다 • 경호원의 위치는 유연하게 • 비노출 및 노출 경호를 병행 • 적의 공격 시 대적(對敵)을 중심으로 방호하며, 피경호인에게 스스로 대피하도록 평상 시 경호교육이 이루어져야 한다.

2인 대형	경호원 1인보다 안전하지만 피경호인을 안전에 위험 가능 • 경호대장과 부하직원으로 상명하복의 관계로 편성 • 일반적으로 1번 경호원은 선발운용 및 경호대장(DL)은 동행경호 • 도보대형 형성 시 1번 경호원은 유연한 위치선정과 비노출 및 노출경호를 병행. DL은 촉수거리 원칙을 유지한다. • 각각 전후방을 분담하여 경계한다.
3인 대형 : 쐐기 대형	• 경호대장과 부하직원으로 상명하복의 관계로 편성 • 일반적으로 1번 경호원은 선발운용 및 경호대장(DL)과 2번 경호원은 동행경호 • 도보대형 형성 시 1번 경호원은 선도를 유지하여 전방을 경계하고, 2번경호원은 좌측 후방에 위치하여 좌측 및 후방을 경계한다. DL은 촉수거리원칙을 유지하며 피경호인을 중심으로 우측을 경계한다.
4인 대형 : 다이 아몬드 대형	• 경호대장과 부하직원으로 상명하복의 관계로 편성 • 일반적으로 1번 경호원은 선발운용 및 경호대장(DL)과 2번, 3번 경호원은 동행경호 • 도보대형 형성시 1번 경호원은 선도를 유지하여 전방을 경계하고, 2번 경호원은 피경호인 좌측에 위치하여 좌측을 경계한다. • 3번 경호원은 피경호인 후방에 위치하여 대형 후방을 경계한다. DL은 촉수거리 원칙을 유지하며 피경호인을 중심으로 우측을 경계한다.
5인 대형	• 경호대장과 부하직원으로 상명하복의 관계로 편성 • 일반적으로 1번 경호원은 선발운용 및 경호대장(DL)과 2번, 3번 경호원은 동행경호 • 도보대형 형성시 1번 경호원은 선도를 유지하여 전방을 경계하고, 2번 경호원은 피경호인 우측에 위치하여 우측을 경계한다. 우발사태시 경호대장을 보좌하며 경호팀 내 서열 세 번째 경호원이 담당한다. • 3번 경호원은 좌측방을 경계하며, 4번경호원은 피경호인 후방에 위치하여 대형 후방을 경계한다. • DL은 피경호인과 촉수거리 원칙을 유지하며 고도의 집중력 유지가 가능하도록 피경호인을 전담 경계한다.

5) 선발경호

(1) 개 념

선발경호는 경호대상자보다 먼저 경호행사장에 도착하여 위해요소를 점검하고 안전을 확보하는 활동이다.

선발경호는 피경호인의 지속적인 사회활동과 관련된 여행, 유숙 및 각종 행사시 완벽한 안전을 보장하기 위해서 행사장을 답사하여 인적, 물적, 지리적 취약요소를 분석하여 경호대책과 경호계획을 수립하는 것을 말한다.

(2) 선발경호 시행단계 : 계획단계, 준비단계, 행사(실시)단계, 결산단계로 나뉜다.

- 계획단계는 경호임무 수령 후 선발대가 행사장에 도착하기 전의 단계이다.
- 준비단계는 행사장 도착 후부터 행사 시작 전까지 경호활동으로 행사장 안전검측, 취약요소분석, 최종적 대안 제시단계이다.
- 실시단계는 행사장도착 후 진행 후 출발지까지 복귀하는 단계이다.
- 결산단계(평가 및 자료보존 단계) : 경호행사 종료부터 철수 및 결과보고 단계이다.

5 직무수행능력평가

(1) 평가기준

성취수준	수행정도	평가점수
5	해당지식과 기술을 **완벽하게 습득하여** 직무수행에 필요한 기술적인 사고력과 문제의 해결능력을 토대로 **주도적으로 완벽하게 임무를 수행**할 수 있다.	75–80
4	해당지식과 기술을 습득하여 직무수행에 필요한 기술적인 사고력과 문제의 **해결능력을 토대로 임무를 수행**할 수 있다.	70–74
3	**해당지식과 기술을 대부분 습득**하여 직무수행에 필요한 지식과 기술을 **대부분 수행**할 수 있다.	65–69
2	**해당지식과 기술을 부분적으로 습득**하여 **타인과 공동으로 직무수행**할 수 있다.	60–64
1	**해당지식과 기술이 부족함이 있어 타인의 도움을 받아야만 직무수행**할 수 있다.	60 미만

(2) 평가문항

평가자는 다음 사항을 평가해야 한다.

- 사주경계방법 숙지
- 수행경호수행원칙 숙지
- 도보경호대형운용방법 숙지
- 차량경호대형운용방법 숙지
- 우발상황대응방법 숙지

NCS 기반
일반경비원
신임교육교재

기 계 경 비 실 무

06
기계경비실무

① 훈련개요

과정/과목명	1101010110_14v1 보안관제
훈련목표	경비구역 내에 설치되어는 방범시스템(CCTV, 감지센서, 컨트롤러, 송·수신장치 등)을 통해 송신되는 경보신호를 실시간으로 감시하여 수신된 경보신호를 출동요원에 전파하고, 현장에 출동한 출동요원이 경보상황에 대응하는 능력을 함양
훈련가능시설	강의실, 실습실
권장훈련방법	집체훈련 또는 현장실습

② 편성내용

단 원 명 (능력단위 요소명)	훈 련 내 용 (수행준거)
경보신호 관제하기	1.1 경비구역내 영상감시장비의 유형과 특성, 그리고 영상감시구역을 파악할 수 있다. 1.2 경비구역내 침입감지센서의 유형과 특성, 그리고 감시구역의 환경적 특성을 파악할 수 있다. 1.3 경비구역내부와 주변 환경에 따른 오경보 가능성과 유형 등을 미리 파악할 수 있다. 1.4 경비구역으로부터의 경보수신시 수신경보를 신속히 분석하여 출동요원에게 전파할 수 있다. 1.5 경비구역으로부터의 영상신호수신시 영상분석 후 신속히 출동요원에게 전파할 수 있다.

단 원 명 (능력단위 요소명)	훈 련 내 용 (수행준거)
경보신호 대응하기	2.1 관제센터의 지시에 따라 정해진 시간 내에 신속히 현장에 출동할 수 있다. 2.2 현장출동 후 정해진 절차에 따라 경보상황을 확인할 수 있다. 2.3 현장출동 후 확인결과 오경보인 경우 정해진 절차에 따라 감지센서 등 시스템의 이상유무를 확인한 후 정상적인 상태로 세팅할 수 있다. 2.4 현장출동 후 확인결과 외부침입인 경우 경찰기관에 신고하고 정해진 절차에 따라 대응할 수 있다. 2.5 현장확인 또는 대응이 종료된 후 내·외부 점검 및 상황조치 결과를 객관적 사실에 입각하여 정확하게 보고할 수 있다.

③ 지식·기술·태도

구 분	주 요 내 용	
지 식	• 방범시스템(기계경비시스템)의 구성 및 운영원리에 관한 지식 • 방범시스템(기계경비시스템)의 운용방법에 대한 지식 • 침입감지센서의 구조 및 특성에 관한 지식 • 컨트롤러의 구성 및 특성에 관한 지식 • 송·수신장치의 구성 및 특성에 관한 지식 • CCTV의 구조 및 특성에 관한 지식 • 경비구역의 구조와 주변환경의 특성에 관한 지식 • 경보신호의 유형과 특성에 관한 지식 • 영상신호의 유형과 특성에 관한 지식	• 오경보에 관한 지식 • 관련 법규에 관한 지식 • 경비구역 주변의 경찰관서나 소방관서 등에 관한 지식 • 경보신호의 분석에 관한 지식 • 영상신호의 분석에 관한 지식 • 범인체포술에 관한 지식 • 호신술에 대한 지식 • 오경보의 조치에 관한 지식 • 경찰기관과의 협력방법에 관한 지식 • 시설주에 대한 상황설명방법에 관한 지식 • 관련 서류의 작성방법에 관한 지식
기 술	• 방범시스템(기계경비시스템)의 구성 및 운영원리 이해 • 침입감지센서의 구조 및 특성의 이해 • 컨트롤러의 구성 및 특성의 이해	• 송·수신장치의 구성 및 특성의 이해 • CCTV의 구조 및 특성의 이해 • 경비구역의 구조와 주변환경의 특성의 이해

구 분	주 요 내 용	
	• 경보신호의 유형과 특성 이해 • 영상신호의 유형과 특성 이해 • 오경보의 유형과 특성 이해 • 관련 법규의 이해 • 경보신호의 분석능력 • 영상신호의 분석능력 • 방범시스템(기계경비시스템)의 운용 능력 • 경비구역의 내·외부 점검 능력	• 침입사고 대처능력 • 오경보 대처능력 • 오경보에 대한 설명능력 • 범인체포술 시행능력 • 호신술 시행능력 • 경찰기관과의 협력 • 시설주에 대한 상황설명 • 관련 서류의 작성방법
태 도	• 개인정보취급 관련 법규 준수 • 근무규정 및 지침 준수 • 상황전파 및 조치결과 기록 노력 • 신속한 조치를 위한 적극적인 대처 노력	• 오경보 재발방지를 위한 노력 • 복장 및 출동장구류 착용기준 준수 • 고객과의 신뢰 형성 노력

4 장 비

장 비 명	단 위	활용구분(공용/전용)	1대당 활용인원
• 감지기 등 경비기기	세트	공용	–
• 관제용 통신설비	세트	공용	–
• 관제 단말용 전산기기	세트	공용	5
• CCTV장비	세트	공용	5

※ 장비는 주장비만 제시한 것으로 그 외의 장비와 공구는 별도로 확보

⑤ 교과내용

5-1 기계경비의 이론적 개념

1) 의 의 : 근무자인 사람을 도와 보다 효율적인 경비근무가 가능하게 하는 수단이
며 경비원의 근무형태를 변화시키고 있다.

(1) 형식적 의미의 기계경비(경비업법상의 기계경비)

경비업의 한 분야로, 경비대상시설에 침입감지센서를 설치하고 침입자에 의해 발
생한 경보신호를 원거리에 있는 상황실에서 수신하여 대응요원을 현장에 출동시켜 이
상상황에 대응할 수 있게 하는 침입감지시스템(기계경비시스템)을 말한다.

(2) 실질적 의미의 기계경비

경비기기에 의존하는 경비를 의미한다.

(3) 기계경비시스템의 영역

(1) 침입감지 시스템
(2) CCTV시스템
(3) 출입통제시스템(검색기, 물품도난방지장치, 도어장치)

(4) 기계경비시스템의 구성 및 운영

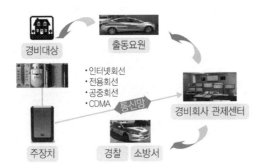

2) 기계경비 운용의 장단점

(1) 장 점

① 장기적으로 경비절감 효과 기대
② 경제적 부가비용 불필요
③ 감시구역 전체 동시 통제 가능
④ 24시간 계속적 감시 가능
⑤ 첨단 컴퓨터 등의 운용으로 정확성, 신속성, 계속성 기대
⑥ 강력 범죄로부터 인명 사상의 예방 및 최소화 가능
⑦ 화재, 가스 등 다른 위해 요소들로부터 인명의 사상 예방
⑧ 사고 발생시 표시, 기록장치로 증거보존 효과

(2) 단 점

① 오경보의 위험성이 큼
② 긴급출동요원이 도착하기 전까지 다소 시간 소요
③ 신속한 현장의 자체적인 대처 불가능
④ 초기 투자비용이 많이 들 수 있음
⑤ 유지보수에 많은 비용과 전문 인력 요구
⑥ 사용자가 작동을 하지 않거나, 작동법을 모르는 경우 도난, 사고발생
⑦ 고장 시 신속한 대응 불가

3) 기계경비업의 특징

(1) 소수의 근무자를 이용하여 다수의 경비시설을 경비할 수 있기 때문에 저렴한 경비 서비스 제공
(2) 취약시간 공백 없이 경비업무 수행
(3) 경비회사와 고객시설 사이에 연결된 통신망을 이용하여 방범 서비스 외에 화재감지, 가스감지, 설비감시, 비상통보 등의 부가적 서비스 제공
(4) 수신되는 경보신호에 의존, 상황판단을 잘못할 가능성이 있음
(5) 출동요원의 출동시간이 지연되어 신속한 현장조치에 불리

4) 기계경비 시스템의 적용범위

(1) 범죄예방 및 대응서비스
(2) 화재감지서비스
(3) 가스누출 통보서비스
(4) 구급 통보서비스(비상)
(5) 홈 시큐리티서비스
(6) 설비이상 통보서비스
(7) 설비제어 서비스(자동개폐, 은행 현금지급기 및 365코너)

5-2 침입감지시스템의 운용

1) 침입감지시스템의 의미

인가되지 않은 사람의 침입을 감지하여 경보형태로 필요한 사람에게 전달하는 시스템이다.

2) 침입감지시스템이 그 역할을 다하기 위해 다음과 같은 3가지 요소가 충족되어야 한다.

(1) 경비대상시설에 인가되지 않은 사람의 침입을 감지해야 한다.
(2) 침입정보를 경보의 형태로 필요한 사람에게 전달할 수 있어야 한다.
(3) 침입상황에 적절히 대응할 수 있어야 한다.

3) 침입감지시스템의 구성

(1) 센서(침입감지)
(2) 주장치(Controller)(신호전달 및 신호인지)

(3) 경보장치(상황실(관제시스템))

4) 경보시스템의 형태와 시스템 운용

(1) 현장경보 시스템(현장경비실에서 자체적으로 운영)

(2) 중앙상황실 시스템(기계경비 시스템)

(3) 전화통보 시스템(유선통보 시스템)

(4) 직접통보 시스템(경찰서, 소방서)

5) 센서(감지기)의 종류

(1) 스위치센서(자석감지기)

가장 간단하면서도 널리 사용되는 센서이다. 이것은 문이나 창문에 문이 열리고 닫히는 것을 감지하는 역할을 하며, 마그네틱 센서(자석감지기)가 많이 사용된다.

[자석감지기]

자석감지기의 오보는 부착상태 및 문 이격에 의해 발생되고 있다.

또는 겨울철 영하의 온도에서는 감지기 성능 변화로 오보가능성이 있으므로 자석부와 스위치부의 이격거리를 5mm 이내로 설치하여야 한다.

(2) 적외선 감지기

적외선 감지기는 빛을 발사하는 송신기와 수신기로 구성되는데 그 사이를 전달하는 광전빔이 침입자에 의해 차단될 때 경보가 발생하는 형태이다. 창문이나 벽, 울타리에 설치하여 사용하는데 적외선 센서와 마이크로웨이브센서가 많이 사용된다.

적외선 감지기의 오보원인은 센터 장애 요인(나무 등)과 상호 간섭, 태양의 직사광선 등이다. 감지기가 복수로 설치된 장소는 상호 빔의 간섭에 의한 것은 없는지 확인하여야 한다.

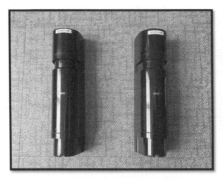

[장거리적외선 감지기]   [적외선감지기]

(3) 열선감지기

침입자에 의해 발생하는 주변의 온도변화를 감지하여 경보신호를 발생하는 것으로 는 공간을 감지하기 위해 사용되는 열선감지기가 있다.

열선감지기 오보 사례는 작은 동물(쥐 등)에 의한 것이 많다. 감지기 근처에 있는 락커 (Locker), 선반 적층물 상단, 통로 등을 이동 하는 쥐로 인해 주로 창고에서 발생한다. 또한, 식당에서의 바닥면을 이동하는 쥐, 틈새로 들어오는 개, 고양이, 천장 틈새로 날아 들어오는 새 등이 있다. 그 외 감지영역 내에 전기로, 히터 등이 초퍼현상에 의해 온도차 이가 날 경우와 열원체(전기로, 히터 등) 자 체의 온도변화가 생길 경우 나타난다.

(4) 충격감지기와 금고감지기

침입자의 움직임으로 발생하는 진동을 감지하여 경보신호를 발생하는 방법으로, 출입문이나 창문 가까이 접근하는 침입자를 감지하거나 금고를 감지하기 위해 사용하 는 진동감지가 있다. 금고감지기 오보의 경우는 배선의 접속불량 가능성이 가장 많다.

[충격감지기]

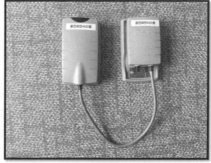

[금고감지기]

(5) 유리감지기

유리가 파손되면서 발생하는 음향의 변화를 감지하여 경보를 발생하는 방법으로 유리파손을 감지하기 위해 유리창에 부착하여 사용하거나 유리창 주변의 벽이나 천정에 부탁하여 사용한다.

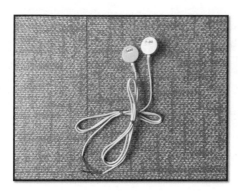

[유리감지기]

유리감지기의 오보는 주로 접착불량에 기인하는 경우가 많다.

바른 접착 방법과 취부로 오보가 발생하지 않도록 주의해야 한다. 특히 유리감지기 부착 면을 외측에서 확인하여, 접착제 취부 면적에 기포의 발생 유무를 확인해야 한다.

5-3 출동요원의 업무

1) 기본업무

경비시스템을 제공하는 계약처에 안전업무를 제공하기 위하여 필요에 의해 대처 대응하는 것이 출동요원의 기본 업무이다.

2) 출동요원의 주요업무

(1) 긴급대처

경비회사에서 업무를 제공하는 계약처에 이상이 발생한 경우 이상의 원인을 확인하고 정상화 또는 피해확대를 방지하는 것이다.

(2) 순 회

① 고객과의 계약(고객요청)에 의한 순회 : 고객과의 계약에 의해 의뢰 받은 지역의 상황관리 및 이상의 원인을 확인하고, 피해확대 방지 및 불안전한 상태를 발견, 정상화하여 계약처의 안전을 제공하는 업무
② 경비회사의 필요에 의한 순회 : 고객의 피해확대 방지를 위해 불특정 시간대의 순회 계약처에서 발생할 수 잇는 피해(도난, 화재 등)를 미연에 방지하는 것으로서 건물의 내외부를 관제의 지시에 의해 순찰하고, 안전확인 및 불안전한 상태를 사전에 발견하여 계약처의 안전을 제공하는 업무

(3) 보수점검

시스템을 항상 최상의 상태로 유지하기 위해 시스템에 장애가 되는 요인을 확인 제거하고, 정상화하여 시스템 운영의 효율을 높이기 위한 업무(기기작동, 도면 일치, 시설물 확인, 비상연락, KEY CARD 변경 등)이다.

(4) 차량관리

일일 점검을 통한 차량상태를 최상으로 유지하여, 고객요청 및 긴급 대처 시 즉각

출동태세를 갖춘다.

3) 긴급출동요령

(1) 긴급대처 우선순위

가. 긴급대처 우선순위의 정의

출동요원의 긴급대처는 전적으로 관제원의 대처지시에 의해 행해진다. 이는 계약처에 발생된 이상신호에 의거 관제원이 판단하여 지시하게 되는데, 이상이 동시에 발생되거나 비슷한 시각에 발생될 경우 관제원은 긴급대처 상황, 계약처 거리, 이상신호 등에 의거하여 대처의 우선순위를 신속히 판단, 지시하여야 한다.

이상신호를 비슷한 시간대에 여러 건 접수하였을 경우 이상발생의 내용 중 인명과 관계되는 신호, 피해범위가 크게 예상되는 신호발생 계약처를 우선하여 대처를 지시한다.

화재 ▸ 회선이상 ▸ 비상통보 ▸ 침입이상 ▸ 설비이상

나. 우선순위 결정시 고려사항

① 실사고 발생시 피해범위를 감안하여 우선순위 결정
② 실사고 발생시 심각한 사회문제화 사건이 될 수 있는 계약처 우선
③ 과거의 실사고 이력을 감안하여 대처지시
④ 긴급대처 근무자와 계약처의 거리가 가까운 곳부터 대처지시

다. 긴급대처 업무 FLOW

대처지시	• 차량 주행거리 버튼을 "0"으로 한다. • 계약처의 위치를 확인하여 최단거리 코스 선택
출발 및 이동	• 차량 전후좌우를 잘 살핀 후 안전하게 출발 • 교통법규를 준수하며 안전하게 이동 • 뒤따라오는 차량, 거동 수상자가 있는지 확인 • 도착 지연시 현재위치 및 예상시간을 보고한다.
접근방법	• 규정된 접근방법에 의거 차량을 주차시킨다. (계약처 정면에 주차하는 것을 금하고 있으며 대처 환경에 따라 적절한 접근방법을 사용한다) • 사이렌 및 경적을 사용시 계약처 100m 전방에서 OFF 한다.

현장도착	• 관제에 도착보고 • 헬멧을 착용한다. • 외주 점검차 하차한다.
외주점검	• 좌회전의 원칙을 준수한다. • 출입문 및 창문은 반드시 손으로 확인한다.
결과보고	• 외주 점검시 점검이 끝나면 5분 이내에 점검 결과를 관제에 보고한 후 해당 계약처의 열쇠 및 카드를 꺼내어 계약처에 들어간다. • 지연 보고 시에는 대처자의 신변에 이상이 있다고 간주하여 지원대처 및 경찰출동이 있게 됨

5-4 CCTV의 운용

1) CCTV의 개념

카메라와 모니터가 유선으로 연결되는 것을 의미하며, 경비목적 외에 교통상황 감시나 공장에서 공정감시, 병원에서 환자감시 등으로 사용되고 있다.

2) CCTV의 기능

(1) 실내에서 소수의 인원으로 비교적 사각지역 없이 감시할 수 있으며, 근무자가 범행에 직접 노출되는 기회를 줄일 수 있다.
(2) 침입감지장치와 함께 사용되어 경보상황을 영상으로 직접 확인함으로써 자신 있는 현장대응이 가능하다.
(3) 상황을 녹화하여 나중에 다시 볼 수 있다.
(4) 출입통제장치와 같이 사용하여 출입인원을 원격으로 확인, 통제할 수 있다.

3) CCTV의 구성

CCTV는 기본적으로 촬상부와 전송부 그리고 수신부로 구성되며, 용도에 맞게 주변기기들을 추가로 사용한다.

(1) 촬상부

촬상부는 물체를 촬영한 영상신호를 전기신호로 변화시키는 부분으로, 카메라 렌즈 그리고 카메라를 고정하기 위해 필요한 브라켓이나 하우징을 포함한다.

(2) 전송부

전송부는 촬상부에서 받은 신호를 수신부로 전달하는 부분으로, 신호전달을 위하 동축 케이블이나 U.T.P 케이블, 광케이블과 같은 유선매체가 널리 사용되지만 무선매체가 사용되기도 한다. 특히 최근에는 이동통신이나 인터넷이 CCTV의 전달매체로 사용되면서 CCTV의 적용범위가 확대되고 있다.

(3) 수신부

수신부는 카메라에서 보낸 전기신호를 영상신호로 재생하는 부분으로 모니터라 불리는 부품이 이에 해당한다.

4) 주변기기의 활용

CCTV의 단점을 보완하기 위해 여러 가지 종류의 주변기기를 활용할 수 있다. 디지털 기술이 CCTV에 적용되면서 영상저장이나 전송을 보다 효율적으로 하고 있으며, 인터넷과 접목된 정보기술이 CCTV의 기능과 적용범위를 보다 넓혀주고 있다.

(1) 녹화장치

- V.T.R
- DVR

(2) 움직임 경보장치(모션디텍션)

CCTV 운용시 발생하는 문제 중 하나는 지루함으로 인하여 근무자가 모니터에 나타나는 영상변화에 집중하기 어렵다는 것으로, 때때로 침입상황을 보지 못할 수 있다. 이러한 문제를 극복하기 위하여 모니터의 영상변화를 감지하여 근무자에게 경고하여 주는 움직임 감지장치를 적용할 수 있다.

(3) 영상분할장치 및 영상전환장치(오토셀렉터)

일반적으로 여러 대의 카메라를 운용할 때 카메라의 수에 맞는 모니터가 필요하지만 여러 개의 영상을 분할하여 한 대의 모니터에 나타나게 하는 영상분할장치나 일정한 시간 간격으로 영상을 하나씩 차례로 보이게 할 수 있는 영상전환장치를 사용할 수 있다.

(4) 팬틸트 장치

시선이 고정되어 있는 카메라를 사용할 경우, 근무자는 한정된 범위만을 볼 수 있으므로 움직이는 물체를 주시할 수 있는 시간이 짧아진다. 이러한 단점을 보완하기 위하여 카메라를 상하좌우로 조정하여 그 상황을 추적할 수 있다.

그러나 침입자가 팬틸트 장치를 조작할 때까지 기다려주지 않을 경우, 이 장치를 유용하게 사용할 수 없으므로 범인의 행동을 추적할 수 있을 정도의 속도로 조정할 수 있는 장비를 선택하여야 하며, 그렇지 않으면 여러 대의 카메라를 이용하는 것이 좋다.

(5) DVR

DVR은 디지털 기술의 발달과 함께 CCTV시스템에 적용되어 널리 사용되고 있는 장비로, 영상신호를 디지털로 변환하여 영상신호 저장과 영상신호의 원거리 전송을 쉽게 해준다. 특히 영상신호를 테이프가 아닌 하드디스크에 저장함으로써 녹화된 영상을 쉽게 검색할 수 있으며, 영상저장과 검색을 오랫동안 하여도 선명한 영상을 얻을 수 있다.

또, 다른 장치와 연계하여 복합적인 기능을 수행할 수 있으며, 자체적으로 영상분

할 기능이나 움직임 감지기능 등이 포함되어 있어 이를 위한 별도의 장치를 설치할 필
요가 없다.

5) CCTV의 발전

(1) CCTV의 발전과정

아날로그 시스템	전송 시스템	디지털 시스템

· 27만 B/W CAMERA
· 41만 Color Camera
· Box / Dome / 일체형
 	
· Fixed, Vari-focal, Zoom,
  Day & Nighy
 	
· Pan Tilt Driver
· Receiver
· Encoder + Decorder
 	
· (Time lapse) VCR
· Quad, Multiplexer
· Matrix Switcher / DVR
	· 동축 케이블(ECX, HFBT)
	
	· UTP(통합 배선)
	
	· 광 케이블(멀티, 싱글)
	
	· 무선 시스템
	
	· UTP, STP
	
	· Internet 전용선
	  (SK, KT, LG, 지역방송)
		· 130만(HD급)
		· 200만(Full HD급)
		· Panorama Camera
		
		· IP Type
		· HD-SDI
		· TVI, CVI, AHD, EX-SDI
		
		· DVR, NVR, CMS

(2) 소규모 아날로그 시스템

(3) 소규모 네트워크 시스템

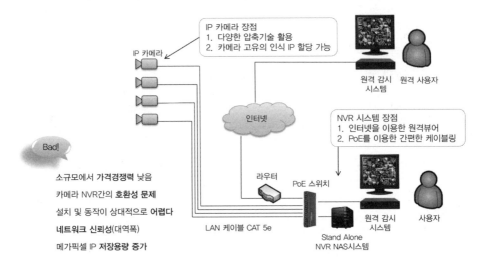

(4) 대규모 아날로그 시스템

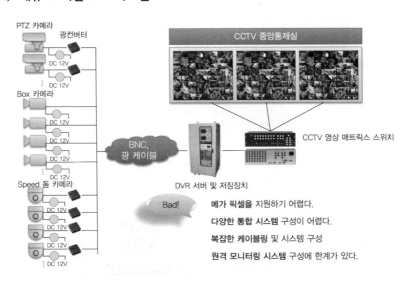

(5) 대규모 네트워크 시스템

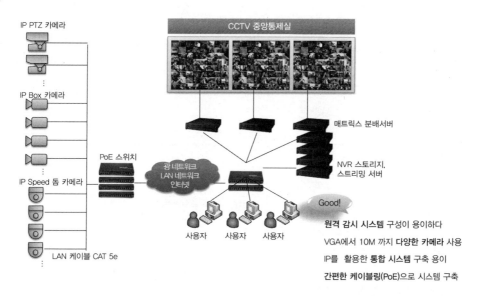

5-5 출입통제장치의 운용

1) 출입통제장치의 개념

출입통제란 인가된 사람과 인가되지 않은 사람을 구분하여 출입을 통제하는 것으로, 오래전부터 출입통제를 위해 여러 가지 방법이 사용되고 있으며, 출입통제장치는 단지 그 이름과 작동형태를 달리하는 경비기기의 한 형태이다.

출입통제장치를 통과하기 위해 출입하려는 사람을 확인하는 수단으로는 키나 카드와 같은 인식표로부터 지문이나 동공과 같은 신체의 특징까지 다양하다. 특히, 사람신체의 특징을 이용하는 출입통제장치의 이용이 증가하면서 '생체인식시스템'이라는 새로운 이름이 등장하고 있다. 효과적인 출입통제를 위하여 사람 뿐만 아니라 물품이나 차량의 출입통제도 적절히 이루어져야 하며, 위험물품이 경비대상시설로 반입되는 것을 방지함과 동시에 귀중품이 밖으로 반출되는 것도 방지할 수 있어야 한다.

2) 출입통제장치의 개요 및 기대효과

(1) 출입통제시스템

출입통제시스템은 출입카드를 이용하여 인가자와 비인가자를 구분하여 건물에 대한 출입을 관리하는 시스템으로, 출입통제, 침입감시, 근태관리, 순찰관리 등의 기능을 수행하며, 타 시스템과의 Interface 구축에 있어서 중심이 되는 ISS(Integrated Security System)의 근간을 이루는 시스템이다.

• 신분증명을 ID-Card화 • 내, 외부인을 논리적으로 구분 • 출입 상황을 Desktop에서 실시간으로 관리 가능 • Stand-Alone과 Network 환경지원가능 • 시스템 환경에 유연히 대처 • 방문객 관리, 출입 관리 및 주차 Gate 연계에 의한 효율적인 시스템 구축

• 안전한 작업 환경 조성 • 정보 유출 방지 & 보안 유지 • 효율적인 출입자 관리 • 완벽한 재산 관리

(2) 근태/식수관리시스템

회사의 기본이라 할 수 있는 직원들의 출퇴근 현황에 식수관리를 통합 운영하여 직원들의 근태관리를 신속하고 능률적으로 처리하기 위한 시스템으로, 직원들은 ID Card 및 지문을 이용하여 근태기록 및 식수를 처리하고, 모든 기록은 통합 처리되어 비용절감 및 업무의 효율성을 향상시킨다.

최첨단의 시스템을 이용하여 DATA의 전산화로 편리성을 제공하고, 또한 ERP와의 연계로 인하여 더욱 효과적으로 효율적인 관리를 극대화 할 수 있는 시스템이다.

• 출퇴근 정보 관리직원의 수작업 집계 • 근태 및 연장근무 수작업 기록 • 식수관리 수업 집계 • 근태, 식수내역 개별 집계, 수작업 통합 • 모든 DATA 서류 보관 • 수작업 기록으로 인한 오류 발생 가능

• 출퇴근 정보 자동 집계 • 연장 근무, 식수 내역 자동 집계 • 식수 및 근태 DATA 자동 집계 • 식수, 근태 DATA 자동 통합처리 • 담당 직원 업무시간 및 관리비 감소 • 모든 DATA 전산 기록으로 비용 감소 • 전산 자동 처리로 오류 미발생

3) 출입통제장치의 시스템 구성

(1) 출입통제

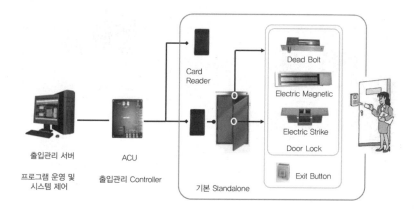

(2) 근태관리

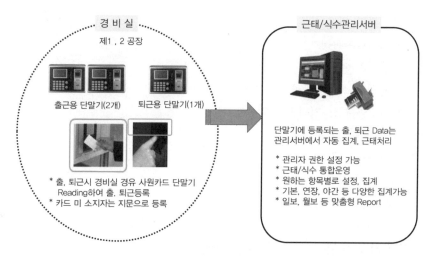

(3) 식수관리

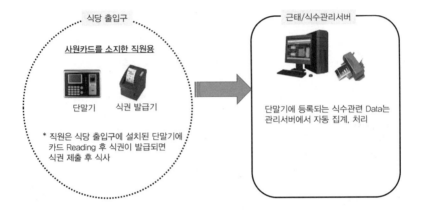

4) 출입통제시스템의 기능

(1) 출입관리 기능
- 출입현황관리
- 출입자 자료관리
- 출입자 통제등급관리
- 기간, 그룹, 지역별 출입통제기능

(2) 출입문관리 기능

(3) 카드관리 기능

(4) 경보발생 상황관리 기능

(5) 기타 연동제어관리 기능

5) 경비기기의 통합적 운용(근태관리 병행)

지금까지 설명한 침입감지시스템과 CCTV, 출입통제장치는 단독으로 사용되기도 하지만 서로 연계하여 사용함으로써 그 효과를 증가시킬 수 있다.

가령, 침입감지시스템과 CCTV를 연계하여 사용할 경우, 침입감지장치에서 발생되는 경보신호를 CCTV를 통해 경보신호의 신뢰도를 확인함으로써 자신 있게 현장대응을 할 수 있다. 또, CCTV와 출입통제장치를 연계하여 사용할 경우, CCTV를 통해 출입자를 확인할 수 있으므로 출입통제장치를 보다 효과적으로 사용할 수 있다.

특히 정보통신기술을 기계경비에 적용할 경우, 경비기기의 기능이 다양화되고 경비기기를 이용한 경제적이고 효과적인 경비활동이 가능할 것이다.

6 직무수행능력평가

(1) 평가기준

성취수준	수행정도	평가점수
5	해당지식과 기술을 **완벽하게 습득하여** 직무수행에 필요한 기술적인 사고력과 문제의 해결능력을 토대로 **주도적으로 완벽하게 임무를 수행**할 수 있다.	75–80
4	해당지식과 기술을 습득하여 직무수행에 필요한 기술적인 사고력과 문제의 **해결능력을 토대로 임무를 수행**할 수 있다.	70–74
3	**해당지식과 기술을 대부분 습득**하여 직무수행에 필요한 지식과 기술을 **대부분 수행**할 수 있다.	65–69
2	**해당지식과 기술을 부분적으로 습득**하여 **타인과 공동으로 직무수행**할 수 있다.	60–64
1	**해당지식과 기술이 부족함이 있어 타인의 도움을 받아야만 직무수행**할 수 있다.	60 미만

(2) 평가문항

평가자는 다음 사항을 평가해야 한다.

- 이상정보 판단 능력 및 적절성
- 상황 전파 및 보고의 적절성
- 현장 경비원 통제의 적절성
- 112 긴급 신고의 적절성
- 통신 및 관제 장비의 활용능력

- 방범시스템(기계경비시스템)의 구성 및 운영원리 이해
- 경비구역의 구조와 주변환경의 특성의 이해
- 경보신호의 유형과 특성 이해
- 영상신호의 유형과 특성 이해
- 오경보의 유형과 특성 이해
- 관련 법규의 이해
- 침입사고 대처능력
- 오경보 대처능력
- 오경보에 대한 설명능력
- 경찰기관과의 협력방법
- 관련 서류의 작성방법

07

NCS 기반
일반경비원
신임교육교재

사고예방대책

07
사고예방대책

① 직무명 및 NCS 능력단위

직무명	능력단위	능력단위코드	학습모듈
01. 경호, 경비, 보안	사건사고대처	1101010108_14v1	보안모듈

② 목표 및 개요

교과목개요 및 특징	**[교과목개요]** 사건사고대처란 경비대상시설에서 발생한 침입, 화재, 재난, 형사사건, 안전사고, 강탈사건 등에 대한 초동조치, 현장통제, 현장보존, 신고 및 연락 등을 수행하는 능력이다. **[교과목특징]** 경호경비가 필요한 사건사고상황을 이해하고 현장대응 능력을 향상시킴
교육목표 (수행준거)	1.1 침입사고가 발생된 것을 인지한 경우 신속히 경찰기관에 신고한 후 상급자에 보고할 수 있다. 1.2 경비구역내의 관련 침입현장을 확인하고 다른 사람의 현장접근을 통제할 수 있다. 1.3 현장 확인 중 침입자나 침입자로 의심되는 자를 발견하였을 경우 직접적인 대응 보다는 호루라기, 목소리, 기타 다양한 경보장치를 통해 경보를 발할 수 있다. 1.4 부득이 하게 침입자나 침입자로 의심되는 자와의 직접적인 대응을 하여야만 하는 경우 단봉, 분사기 등이나 기타 장비나 물건을 활용하여 최대한 대응시간을 지연시키고, 즉각적으로 경찰기관이나 다른 사람에 지원을 요청할 수 있다. 1.5 현장 확인 시 부상자나 응급환자가 있는 경우 신속히 응급의료기관에 신고하고,

	허용된 응급처치 범위내에서 정해진 절차에 따라 응급처치를 시행할 수 있다. 1.6 현장 확인 시 부득이한 상황으로 증거자료나 현장이 멸실된 우려가 농후한 경우 경찰기관이나 상급자의 지시에 따라 정해진 절차대로 자료나 현장보존 행위를 실시할 수 있다.
	2.1 화재가 발생된 것을 인지한 경우 신속히 소방관서, 자체소방서, 경찰기관, 상급자 등 정해진 신고절차에 따라 신속히 신고할 수 있다. 2.2 화재현장에 출동하여 신속히 화재상황을 파악한 후 소화기, 소화전을 활용하여 정해진 절차에 따라 초동소화를 시행할 수 있다. 2.3 초동소화 조치와 동시에 주변의 화재 매개물을 격리하고 차단하는 작업을 병행할 수 있다. 2.4 초동소화조치를 시행하면서 자체소화가 어렵다고 판단되면 신속히 경비구역 내의 구성원에게 대피경보를 전파할 수 있다. 2.5 대피경보와 더불어 초동소화조치를 포기하고 신속히 경비구역내 구성원의 대피 유도를 시행할 수 있다. 2.6 화재현장에서 부상자나 응급환자가 있는 경우 신속히 응급의료기관에 신고하고, 응급처치 범위내에서 정해진 절차에 따라 응급처치를 시행할 수 있다. 2.7 현장 확인시 부득이한 상황으로 증거자료나 현장이 멸실된 우려가 농후한 경우 소방기관, 경찰기관이나 상급자의 지시에 따라 정해진 절차대로 자료나 현장 보존 행위를 실시할 수 있다.
교육내용	침입사고 대처하기/화재사고 대처하기

장비 및 도구	NCS능력단위	자체능력단위
	• 카메라, 비디오, 통제선	• 시청각 장비 (교재, 법전, 빔, 컴퓨터, 영상자료 등)

교수학습방법	이론강의	실습	발표	토론	팀 프로젝트	캡스톤 디자인	포트폴리오	기타
	O							O

평가방법	A	B	C	D	E	F	G	H	I	J	K	L	M
			O			O	O						

평가방법: A.포트폴리오 B.문제해결 C.서술형시험 D.논술형시험 E.사례연구 F.평가자질문 G.평가자체크리스트 H.피평가자체크리스트 I.일지/저널 J.역할연기 K.구두발표 L.작업장평가 M.기타

교육정보	국가직무능력표준(NCS)

③ 진단평가

(1) 개   요

학습자 스스로가 학습 출발점을 알고 자기주도형 학습이 가능하도록 체크리스트를 활용해 학습진단을 할 수 있도록 한다.

(2) 평가내용

영역 (능력단위요소/코드)	진단문항	자가진단		
		우수	보통	미흡
공통기초	• 본인의 문서이해능력은 어느 정도인가?			
	• 본인의 경청능력은 어느 정도인가?			
기초내용강화하기	• 본인의 침입사건에 이해 정도는?			
	• 본인의 화재사건에 대한 이해 정도는?			

(3) 평가시기 : 1교시

(4) 평가방법 : 자가진단평가를 활용

(5) 평가 시 고려사항 : 진단평가 결과는 교육평가에 반영되지 않으므로 학습자가 솔직하게 문항에 응답하고 자신의 학습상태를 확인해 볼 수 있도록 지도한다.

(6) 평가결과 활용계획 : 수업운영 및 교육생 상담 등에 활용한다.

④ 교과내용

4-1 테러대응

1) 테러의 개념 및 뉴테러리즘

(1) 테러의 개념

가. 테러(Terror)란?

"특정한 위협이나 공포로 인해 모든 인간들이 심적으로 느끼게 되는 극단적인 두려움의 근원이 되는 것"으로 자연스러운 심리적 현상이다.

나. 테러리즘(Terrorism)이란?

개인이나 집단이 정치적 또는 이념적 목적달성을 위하여 기존체제에 대한 찬성 또는 반대행위로서 자행하는 직·간접적 방법에 의한 폭력 또는 폭력적 위협행위를 의미한다.

테러의 정의(FBI)

"국제 테러리즘"의 3 특성

1. 폭력 행위를 수반하여 연방 또는 주 법률을 위반하며 시민의 생명을 위협하는 행위.
2. 미국 시민이나 정부의 정책에 영향을 미치기 위한 협박 또는 강요하는 행위. 대량파괴, 암살 또는 납치에 의한 정부에 영향을 미치는 행위.
3. 국가의 경계를 초월하며 테러 대상에게 협박이나 강요 또는 자신들의 요구 인물이나 목표를 제시하여 자신들의 의도나 요구를 관철하고자 하는 행위.

"국내 테러"의 3 특성

1. 연방 또는 주 법률을 위반하여 시민의 생명을 위협하는 행위.
2. 협박이나 강압에 의한 정부의 정책에 영향을 미치고자 함.
   또는 대향파괴, 암살, 납치 등의 수단으로 정부에 영향을 미치고자 함.
3. 주로 미국의 영토 관할권 내에서 발생.

(2) 뉴 테러리즘(New-Terrorism)이란?

1999년 미국의 민간연구소인 랜드(Rand)연구소는 개인이나 집단이 정치적 또는 이념적 목적달성을 위하여 기존체제에 대한 찬성 또는 반대행위로서 자행하는 직·간접적 방법에 의한 모든 폭력 또는 폭력적 위협행위를 의미한다고 하였다.

1. 자신을 공격무기로 삼는 '가미가제식 공격' 또는 화생방무기를 사용한 공격으로 무차별적인 대상을 향하여 최대한 타격을 가하며, 인적·물적 피해가 상상을 초월할 만큼 대형화
2. 극단주의자들이 서방에 대한 반감 및 신 식민주의 반대 등 추상적 명분을 내세워 테러를 감행하며, 범행 후 정체도 밝히지 않고 구체적 요구조건도 제시하지 않은 소위 '얼굴 없는 테러'를 자행
3. 미국의 9.11 테러사건처럼 서류 절단용 칼만으로 여객기를 납치, 빌딩에 충돌시키는 등 상상을 초월한 수법과 장비를 사용하고 있고, 여객기 납치에서부터 빌딩에 충돌하기까지 40-50분 만에 상황이 종료되는 것과 같이 긴박하게 진행되어 대처시간이 절대적으로 부족
4. 조직이 여러 국가·지역에 걸쳐 그물망처럼 연결된 이념 결사체로서 인터넷 비밀 사이트, 전자메일 및 첨단 이동통신 등을 연락수단으로 활용하고 있으며, 그 조직원도 부유한 중산층 출신으로 고학력 소유자이고, 심지어는 미국이나 유럽의 유학생도 조직원에 포함되어 있는 등 지도부를 제거해도 조직의 무력화는 어려운 것이 특징

(3) 테러경보 등급(테러경보)

녹색(그린, low)	1단계	낮은 정도의 위험	각종 시설물의 테러 취약부분 점검·보완, 미리 마련된 응급조치의 점검
청색(블루, guarded)	2단계	일반적인 수준의 위험	응급상황 대응반과 연락 유지, 국민들에게 필요한 정보 제공
황색(옐로, elevated)	3단계	다소 높은 위험	중요 시설 감시 강화, 응급상황대응 계획 가동
주황색(오렌지, high)	4단계	높은 위험	테러위협 건물 출입 제한, 공공·대중 행사에 대한 테러 예방조치
적색(레드, severe)	5단계	심각한 위험	정부·공공건물 폐쇄, 비상대책요원 추가 배치, 교통시스템 감시·제한

2) 한국의 테러 위협 실태

(1) 국제테러 환경에 따른 위협

1. 테러 위협의 글로벌화
2. 테러주체의 미분화
    - 테러단체의 생성 및 소멸의 빠른 주기(週期)
    - 테러단체 내 또는 테러단체 간의 분열 경향(자율성 증가)
3. 테러 대상의 다양화
4. 테러 수단의 극단화 및 지능화
5. 테러 피해의 대형화

(2) 우리나라와 직접 관련된 위협요인

1. 북한의 대남 테러 위협
2. 국제사회 역할 증가에 따른 표적테러의 가능성 증가
3. 국민들의 해외 위험지역 여행 및 진출 증가
4. 반한 외국인 세력 형성 가능성

(3) 최근의 테러 경향

1. 글로벌 테러(Gloval Terror)	미국, 유럽, 아시아 등	
2. 소프트 타겟 테러 (Soft-target Terror)	불특정 다수를 대상으로 자행	
3. 뉴 노멀로(New Normal)	테러를 새로운 일상으로 인식	
	외로운 늑대와 같은 자생적 테러의 확산 (IS등 극단주의 이념의 영향)	주로 미국 중심
4. IS 연계 테러의 증가	유럽 13건	IS의 직접 개입
	미국 7건	외로운 늑대

3) 테러리즘 관련 이론

(1) 상대적 박탈감 이론(Relative Deprivation Theory)

• 사회·심리 이론적 측면에서 비합법적 폭력의 원인
• 사회적 욕구형성도가 사회적 욕구만족도를 훨씬 초과할 경우 여기에는 결과적으로 사회·심리적 좌절감이 형성되고, 이것은 곧 폭력적 사태로 발전될 가능성이 높다는 주장

(2) 동일시(同一視. Identification) 이론

특정인이 다른 사람의 행위에 영향을 미치는 영향력을 설명하는 사회심리학적 용어
1. 다른 개인이나 단체와 같이 존재하거나 똑같이 되려는 희망
2. 좋든 싫든지 간에 자신과 동일시, 대상 간에 존재하는 유사성을 인정하려는 것

(3) 다원주의 갈등이론-셀린의 문화적 집단의 갈등이론

가. 일차적 문화갈등

① 상이한 두 문화 사이의 경계지역에서 일어나는 것
② 식민지화의 경우처럼 특정 문화의 법이 다른 영역으로 확대될 때

③ 이민의 경우처럼 특정 문화집단의 구성원들이 다른 영역으로 이동할 때

나. 이차적 문화갈등

① 한 문화 내에서의 갈등으로 하나의 문화가 각자 자신의 고유한 행동규범을 가
지는 여러 가지 상이한 부문화로 진화될 때
② Merton의 Anomie Theory

(4) 현대사회구조이론-현대의 생태학적 상황조건

(1) 고도의 도시집중화
(2) 기술의 발달에 따른 고도화된 교통체계의 존재와 대중전달매체의 발달
(3) 과학기술의 발달에 따른 무기체계의 고도화
(4) 발생한 테러리즘에 대한 주권국가 차원의 묵인현상의 존재 등

(5) 감염이론(Contagion Theory)-매스미디어가 테러리즘 행위를 확산시킨다는 연구이론

• 테러리즘 행위에 대한 언론의 무절제한 보도 내지는 특종 위주의 발표행위가 잠
재적 테러리즘 행위를 현실에 끌어들임으로써 모방테러리즘을 증가시키며, 기존
의 테러리스트들이 테러목적을 달성하기 위한 수단으로서 매스미디어를 악용

(6) 공생관계론-현대의 생태학적 상황조건

• 테러범들이 자신들의 활동이념과 주의·주장을 전파하는 데 매스미디어를 이용하
고 있으며, 반면에 매스미디어는 판매 부수의 증가와 인기도 향상을 위해 테러리
즘 사건을 확대·왜곡하여 무분별하게 보도함으로써 테러리스트와 언론기관이 결
과적으로 공생관계에 있다는 이론

4) 테러예방 및 사후처리 활동

장소별 체크리스트 주요 내용 (근무자용)

(이상 없음 : O, 추가조사필요 : △, 문제있음 : X)

구분	점검내용							
	09시	12시	15시	18시	21시	24시	03시	06시
출입문 시정 여부								
창문 시정 여부								
천장 이상 유무								
CCTV 시정 여부								
조명 시설 상태								
대피 가능 여부								
방화 시설 상태								
출입 흔적 여부				.				
폭발물 은닉 여부								

일일 체크리스트 주요 내용 (관리자용)

년   월   일 (점검관 :   )

점검 사항	점검 결과
검문·검색을 거치지 않고 출입가능한 곳이 있는가?	
출입차·출입차량에 대해 검문·검색이 이루어지는가?	
외부차량이 지하주차장이나 건물 30m 이내에 주차되어 있는가?	
보일러실, 지하실 등 주요시설의 안전관리 상태는?	
보안요원의 근무 장소와 위치는 적절한가? (인수·인계 및 근무중 취급사항 기재 상태)	
CCTV 등 보안 시설은 정상적으로 작동하고 있는가? (정상작동여부, 테이프 잔량 등)	
유관기관 비상연락망이 적절한 장소에 게시되어있는가?	
방화시설, 피난시설, 조명시설 등이 정상적인가?	

상설 안전 관련 전담 부서 (조직표)

총괄책임자 : ○○부사장

구분	인원	수행업무
총괄팀	○○명	- 종합 대테러 대책 수립 - 종합 안전진단 및 점검 - 구조 및 구급활동
대응팀	○○명	- 대피팀, 수색팀, 비상대기조 훈련 및 운영 - 비상대비 대피 훈련
예방팀	○○명	- 재난, 테러 예방 업무수행 - 경비원 교육 - 주요시설 및 위험물 안전관리

– 대피유도의 우선순위 –

• 1순위 : 상황발생층 및 직상층 인원 대피유도
• 2순위 : 상황발생층의 상층부 인원 대피유도
• 3순위 : 상황발생층의 하층부 인원 대피유도
※1순위 대피자 우선 대피 후 시간차에 의해 방송 및 유도원의 안내로 대피

상층부
테러발생 직상층
테러발생층
하층부

5) 테러대응 요령

(1) 테러 예방 수칙

가. 일반적 유의사항

① 방문, 체류지역에 대한 테러 발생 가능성 확인
② 행동과 복장 등이 유별나지 않도록 주의
③ 테러 영향권 내에 들어가지 않도록 주의

④ 대테러 안전수칙의 생활화

나. 체류별·상황별 행동요령

① 가정에서(해외거주자)

    (가) 울타리 주변 관목제거, CCTV등 보안장비 확인, 창문 잠금장치 보강

    (나) 대문이나 창문 등의 상시 시정장치의 생활화

    (다) 낯선 사람의 경계

    (라) 가족에게 항상 이웃 및 주변의 움직임 주시

    (마) 비상시 연락망 확보 및 가족간 미팅 공공장소 사전 지정

    (바) 집근처의 의심스러운 차량이나 배회자 발견시 신고 및 메모

다. 폭파위협 전화를 받았을 시의 행동요령

① 섣불리 무시하거나 묵살하지 않으며, 즉시 상급자나 안전관계자에게 보고 및 발설 방지

② 위협전화시 가능한한 통화를 지연하며 다양한 정보를 획득하고 내용은 빠짐없이 기록

③ 협박범의 성명, 목소리의 특성, 억양, 소음 등에도 주의를 기울인다.

④ 경찰 도착시 접수일시, 협박내용, 협박범의 특징 등 관련정보의 제공

(2) 일반적 대피요령

① 엘리베이터 사용은 정전으로 안에 갇힐 우려가 있어 사용금지

② 계단은 가급적 한쪽만 이용, 경찰 폭발물 처리팀 등이 사용할 수 있도록 해야 함

③ 지하주차창은 건물 붕괴 시 매몰될 위험성이 매우 높으므로 출입 제한

④ 지상에 도착한 후에도 건물 붕괴에 대비하여 최대한 건물과 유리에서 떨어져서 대피해야 하고, 건물 붕괴로 인한 후폭풍 등을 감안 건물 높이 2배 이상 거리로 탈출

⑤ 거리에서 차량폭탄 테러 징후가 포착된 경우에도 차량의 크기나 폭발물의 양에 따라 변화가 있으나 최소한 문제의 차량으로부터 대피

    (가) 상징성이 큰 건물 주변에 버려진 차량

    (나) 분실된 차량이나 가짜 번호판을 부착한 차량

(다) 주차장이 아닌 곳에 주차한 차량

(라) 창문이 가려졌거나 테이프로 봉해진 차량으로부터 500미터 이상 떨어져야 함

(3) 의심스러운 우편물 대응요령

- 적정요금보다 많은 우표를 부착한 경우
- 받을 사람의 성명이 없거나, 직함이 틀리고, 주소가 틀리게 기재된 경우
- 겉봉에 ○○만 개봉할 것, '비공개' 등의 표시가 있는 경우
- 끈·비닐테이프 등의 이상한 소리가 들릴 경우(폭탄테러 의심)
- 소포에서 시계소리 등 이상한 소리가 들릴 경우(폭탄테러 의심)
- 화학약품 물기가 배어 나오거나 이상한 냄새가 나는 경우(화생방테러 의심)

(4) 인질 테러 발생시 대응요령

가. 대응 개요

인질의 몸값을 노리거나 동료 테러리스트의 석방을 요구하는 경우가 많으며 테러범과의 협상에 많은 인내와 전문적 지식이 요구되며 구출 작전시에도 많은 변수에 대한 세밀한 대비가 필요하다.

납치된 경우에는 납치범에게 반항하지 말고 협조적인 태도를 취하고, 적개심에 가득찬 인상을 주지 말고 침착함을 유지하며 납치범의 목소리, 언어, 신체상 특징을 신중히 관찰하고, 주변의 소리·냄새·납치경로의 경사 및 거리 등을 파악하도록 노력한다.

1996년 12월 17일 페루 리마 주재 일본 대사관저 사건에서는 인질범이 인질에게 정신적으로 동화되어 공격적인 태도가 완화되었던 경우가 있었기 때문에 가급적 인질범과 우호적인 관계를 유지해야 한다.

인질 사건이 발생한 건물의 경비원은 특공대 등 현장출동 경찰관 등에게 시설요도, 취약지점, 예상인질인원, 비상통로 등을 적극적으로 알려주어야 한다.

나. 리마 증후군(Lima Syndrome)

- 1995년 12월 17일 페루의 수도 리마에 소재한 일본 대사관에 투팍아마르 소속의 게릴라가 난입하여 대사관 직원 등을 126일 동안 인질로 잡은 사건에서 유래

즉, 항공기 납치 및 테러 사건에서 테러범이 인질들의 문화를 학습하거나 정신적으

로 동화됨으로써 테러범과 인질이 일체감을 느끼고 인질의 입장을 이해하여 호의를 베
푸는 등 결과적으로 인질범이 인질에게 동화되는 현상을 말한다.

다. 스톡홀름 증후군(Stockholm Syndrome)

• 1973년 8월 23일부터 8월 28일까지 스웨덴의 수도인 스톡홀름에서 은행강도사
건 발생시 인질로 사로잡혀 있던 여인이 인질범과 사랑에 빠져 인질범과 함께 경
찰에 대항하여 싸운 사건에서 유래

스톡홀름 증후군의 특징은 리마증후군과 반대로 인질이 인질범에게 동화되는 현상
을 말하며 반면에 경찰에 대해서는 적대감을 가지게 된다. 이 같은 스톡홀름 증후군은
인질의 피해가능성을 감소시켜 협상에 유리하게 작용하는 것으로 인식되고 있다.

4-2 화재대응

(1) 화재의 의의

• 사람의 의도에 반하거나 고의에 의해 발생하는 연소현상으로서 소화시설 등을 사
용하여 소화할 필요성이 있는 연소를 의미한다(「화재조사 및 보고규정」 제2조).
• 시간적·공간적으로 제어되지 않고 확대되는 급격한 연소를 의미한다(국제표준화기
구(ISO)).

(2) 화재의 특성

[연소의 3요소]

가. 가연물(재료) ┌ 고체 가연물
               ├ 액체 가연물
               └ 기체 가연물

나. 공기(산소)

다. 열(점화원)-에너지(화학적, 기계적, 전기적)

(3) 화제의 단계

가. 초기 단계

* 지속적인 열로 인해 그을린 단계로 발전하기 위한 전단계
* 미세한 연기가 발생하여 육안으로 관별하지 못하는 경우도 있다.
* 따라서 이온감지기와 같이 섬세한 감지기만이 이를 발견해낼 수 있다.

나. 그을린 단계

* 불꽃은 없으나 연기가 많이 발생하는 단계
* 연기감지기로 이를 감지할 수 있는 단계

다. 불꽃 발화 단계

* 가연물(재료)에 불꽃이 착화된 단계
* 적외선 감지기로 이를 감시할 수 있는 단계

라. 열 단계

* 착화가 진행되어 완전하게 불이 붙은 단계
* 열감지기로 이를 감지할 수 있다.

(4) 화재 시 대피방법

가. 불을 발견하면 '불이야'하고 큰소리로 외쳐서 다른 사람에게 알린다.

나. 화재경보 비상벨을 누른다.

다. 엘리베이터는 절대 이용하지 않도록 하며 계단을 이용한다.

라. 아래층으로 대피가 불가능한 때에는 옥상으로 대피한다.

마. 낮은 자세로 안내원의 안내를 따라 대피한다.

바. 불길 속을 통과할 때에는 물에 적신 담요나 수건 등으로 몸과 얼굴을 감싸준다.

사. 방문을 열기 전에 문손잡이를 만져본다.

아. 대피한 경우에는 바람이 불어오는 쪽에서 구조를 기다린다.

자. 밖으로 나온 뒤에는 절대 안으로 들어가지 않는다.

차. 연기가 많을 때 주의사항

- ▶ 연기층 아래에는 맑은 공기층이 있다.
- ▶ 연기가 많은 곳에서는 팔과 무릎으로 기어서 이동하되 배를 바닥에 대고 가지 않도록 한다.
- ▶ 한 손으로는 코와 입을 젖은 수건 등으로 막아 연기가 폐에 들어가지 않도록 한다.

카. 옷에 불이 붙었을 때에는 두 손으로 눈과 입을 가리고 바닥에서 뒹굴어 준다.

(5) 소화기 사용방법

가. 소화기를 불이 난 곳으로 옮긴다.

나. 손잡이 부분의 안전핀을 뽑는다.

다. 바람을 등지고 서서 호스를 불쪽으로 향하게 한다.

라. 손잡이를 힘껏 움켜쥐고 빗자루로 쓸 듯이 뿌린다.

마. 소화기는 잘 보이고 사용하기에 편리한 곳에 두되 햇빛이나 습기에 노출되지 않도록 한다.

(6) 화재예방 설비

가. 소화설비

나. 경보설비

다. 피난설비

라. 소화 용수설비

마. 소화활동설비

연소의 정의
산소와 화합하는 산화반응
급격한 열과 빛을 동반하는 발열반응으로서의 화학반응

(7) 연소의 형태

- 확산연소 : 공기와 혼합되며 연소 ↔ 불완전연소
- 증발연소 : 액체가 기화되며 연소(알코올)

- 표면연소 : 고체 표면에서 불꽃내지 않는 연소(목탄)
- 분해연소 : 열분해에 의한 연소(목재, 섬유 등)

(8) 건축물 화재

- 플래쉬 오버(Flash over)현상 : 실내온도의 급격한 상승으로 일순간 일정공간에 가연성 혼합기가 형성되며 실내 전체로 화염이 확대되는 현상
- 백드래프트(Back draft)현상 : 실내의 공기소모로 연소현상이 원활치 못하다가 문을 열거나 공기 공급시 실내 축적된 가연성 가스가 폭발적으로 연소하는 현상

(9) 화재의 구분

화재의 분류	소화기 표시색	특징
A급 일반화재	백색	백색연기 발생 연소 후 재를 남김
B급 유류화재	황색	검은색 연기 발생 연소 후 재가 없음
C급 전기화재	청색	전기시설물이 점화원의 기능을 함
D급 금속화재		금속이 열을 생성
E급 가스화재		재를 남기지 않음

(10) 소화의 원리

유형	원리	특징	소화제
냉각소화	점화에너지 차단	인화점 및 발화점 이하로 낮추어 소화하는 방법	물
질식소화	산소 차단	산소농도를 15% 이하로 떨어뜨려 연소를 저해하는 방법	CO_2, 포(거품), 소화분말, 불연성고체
제거소화	가연물 제거	가연성 액체나 증기의 농도를 희석시켜 연소하한계 이하로 하여 연소를 저지시키는 방법	밸브차단, 벌목, 전원차단
억제소화 (부촉매소화)	연쇄반응 차단	불꽃연소시 화학반응력의 차이를 이용하여 연쇄반응의 억제를 통하여 소화하는 방법	소화분말 방사 할로약제 및 할로겐화합물 청정제 방사

(11) 소화기의 종류

소화기명	주성분	효과
분말소화기	미세한 고인산암모늄 분말 등의 소화약제	억제효과, 질식효과
이산화탄소 소화기	액화 이산화탄소(CO_2)	냉각효과
할론 소화기	프레온 가스의 일종	화학적 억제효과, 질식, 냉각효과(부수적)
사염화탄소식 소화기	액체 사염화탄소	산소억제 및 기화 (밀폐된 공간 사용금지)

4-3 응급처치

1) 응급처치의 필요성과 목적

응급처치란 사고로 인한 부상이나 질병으로 인해 생명이 위급하고 긴박한 상황에 처해있는 사람에게 병원에 도착하기 이전에 가해지는 즉각적이고 임시적인 처치를 말한다.

과거와는 달리 경제성장 및 인구증가와 더불어 차량증가 및 고속화에 따른 교통사고를 비롯하여 추락사고, 재해사고, 구타사고 등 대량사고 및 중증환자의 발생률이 높아지고 있다. 특히 교통사고와 추락사고는 신체 여러 부위에 동시에 손상이 발생하는 다발성 외상환자가 많다는 특징이 있다. 외상환자의 경우 사고 현장에서의 초기처치가 선행되어야 하고, 이러한 처치는 후송 중에도 지속되어야 한다. 이러한 개념에서 응급처치 영역을 크게 현장 응급처치(Field Emergency Care), 후송 중 응급처치(Transport Emergency Care), 병원 응급처치(Hospital Emergency Care)로 나눌 수 있다.

이와 같이 돌발적인 사고가 발생하였을 때 신속하고 적절한 응급처치가 결여되면 인명손실이 커질 것은 자명한 사실이다. 적절하고 신속한 응급처치는 인명구조뿐만 아니라 부상자의 장애정도를 경감시킬 수도 있다는 점에서 의의가 크다.

NCS 기반 일반경비원 신임교육교재

응급처치의 주요 목적은,

가. 대상자의 생명을 구하고 유지하며

나. 질병이나 손상이 더욱 악화되는 것을 방지하고

다. 동통을 가능한 한 경감시키며

라. 대상자를 가치 있는 한 인간으로서 의미 있는 삶을 영위할 수 있도록 회복시키
    는 것이다.

2) 응급처치의 기본원칙

응급환자가 발생하면 우선 처치자는

가. 무엇을 관찰할 것인가?

나. 무엇을 해야 할 것인가 및 무엇을 하지 말아야 할 것인가?

다. 어떻게 행위할 것인가를 알아야 한다.

응급처치의 일반적인 원칙은 다음과 같다.

• 대상자를 위험지역에서 안전지역으로 옮기거나 주위에 있는 위험물은 제거한다.

• 호흡정지, 심한출혈, 쇼크, 음독 또는 중독 등 가장 긴급을 요하는 사람부터 처치
  해야 한다.

• 기도유지 : 기도가 개방된 상태를 유지하고 기도 내의 이물질을 제거한다.
  만일 호흡에 지장이 있다면 즉시 인공호흡을 실시한다.

• 지혈 : 출혈이 계속적으로 있다면 생명을 위협하기 때문에 즉시 지혈한다.

• 쇼크를 예방하고 치료한다.

• 상처의 보호 : 먼지나 세균의 침입을 막기 위해 소독된 가제나 붕대를 이용하여
  드레싱한다. 만일 소독된 것이 있다면 가장 깨끗하다고 생각되는 재료를 이용한다.

• 대상자를 편안히 눕히고 보온한다.

• 대상자가 의식이 없는 경우는 입으로 어떤 것도 주어서는 안 된다.

• 활력징후에 일시적인 영향을 미치는 알코올 등도 주어서는 안 된다.

• 대상자의 불안을 제거하기 위해 말로써 안심시킨다.

• 대상자의 상태 및 모든 처치는 기록하고 자주 일정한 간격으로 관찰하고 재평가
  한다.

- 대상자를 적절하게 취급한다. 예를 들어 골절이 의심되면 골절된 부위를 지지하여 조심스럽게 이송하고 옷을 벗기기가 어려울 경우는 옷의 솔기를 가위로 잘라서 벗긴다.
- 주위의 상황에 유의하여 구급대를 부를 것인지 개인의 차로 운반할 것인지 결정한다.

여러 명의 부상자가 동시에 발생할 경우 그 우선적인 목표는 손상이나 질병의 정도를 파악하여 치료 및 후송의 순위를 결정하는 것이다. 이 순위는 인간의 생명에 위협을 주는 정도에 따라서 결정된다.

제1순위 : 생명을 구하기 위해 즉각적인 치료를 요하는 경우이다.
- 기도를 방해하거나 폐쇄를 일으킬 수 있는 모든 손상
- 즉각적인 지혈을 요하는 모든 출혈
- 손상, 골절 및 출혈로 인해 쇼크를 일으킬 수 있는 손상

제2순위 : 긴급 수술을 요하는 경우이다.
- 내장 손상 : 위장관 손상. 췌장 및 담관계의 손상, 비뇨생식계의 손상, 질식을 동반하지 않은 손상 등
- 치료를 요하는 혈관손상 : 특히 지혈대를 묶은 모든 손상이 포함된다.
- 의식이 없어져 가는 폐쇄성 뇌손상

제3순위 : 수술을 필요로 하지만 지연이 가능한 경우이다.
- 감압을 요하는 척추손상
- 이물제거가 필요한 연조직 창상
- 경한 골절 및 탈구
- 눈의 손상
- 질식을 수반하지 않은 상악손상이나 안면손상

3) 상황별 응급처치법

(1) 문 진

사고현장에서 가장 중요한 것은 주위를 관찰하는 것이다. 사고의 원인이 되는 증거

자료, 예를 들어 주변에 놓여있는 약병 또는 음주한 것으로 짐작되는 술잔 등을 발견함으로써 손상원인 및 정도 등을 파악할 수 있다.

병력조사는 대상자, 가족, 지나가던 행인, 기타 여러 사람으로부터 얻어낼 수 있다. 대상자와 의사소통이 가능하다면 직접 대상자에게 질문하는 것이 바람직하다. 대상자에게 질문할 때 "예" 혹은 "아니오"의 답변을 요구하는 질문을 피하고 양자택일의 개방식으로 질문하여 대상자 자신이 문장을 만들어 대답하게 한다. 즉 질문을 통해 대상자의 인지능력, 이해력, 구사력 등을 동시에 관찰하기 위함이다.

문진에 의해 가장 먼저 파악해야 할 정보는 대상자의 주호소(chief Complaints)이다. 대부분의 주호소는 대상자의 주관적 증상이며 비정상적 기능, 또는 통증 등이다. 흔히 주호소는 대상자를 발견하는 즉시 파악될 수도 있다. 이와 같이 초기의 대상자 진술로부터 출발하여 좀 더 체계적인 질문을 통하여 숨어있던 질병까지도 파악할 수 있다.

(2) 출 혈

가. 비출혈(코피)

① 원 인

대부분의 비출혈은 표면 가까이에 있는 혈관의 손상으로 일어나게 되며 가장 흔히 나타나는 부위는 Kisselbach씨 부위(비출혈의 90%)로서 이 부위는 비중격의 전하방에 위치하여 혈관이 풍부하고 점막이 않아 외상을 받기 쉽다. 대개 외상이나 급성 감염으로 발생하나 혈우병이나 자반증, 고혈압 등의 위험한 질병의 증상으로도 나타난다.

② 증 상

외관으로 쉽게 관찰되나 노인에게 나타나는 심한 코피는 흔히 코의 후벽에서 발생하므로 콧구멍을 통해 출혈되지 않고 목뒤로 넘어가는 경우가 있으므로 주의 깊게 살펴야 한다.

③ 처 치

머리를 앞으로 숙이게 하고 엄지와 인지로 비중격을 10분 정도 눌러준다.
• 찬 물수건이나 얼음 찜질을 콧등이나 목덜미에 대준다.
• 대상자는 계속 앉아 있게 하고 솜을 콧구멍 앞쪽에 삽입하고 약간 압박한다.
• 출혈이 수분 내에 멈추지 않으면 병원으로 후송한다.

나. 상처출혈

① 원인 및 증상

조직이 외상을 받게 되면 그 외상의 대소에 관계없이 출혈이 나타나게 된다. 출혈에는 내출혈과 외출혈이 있으며, 심한 외출혈을 그대로 방치하면 생명을 잃게 되므로 발견 즉시 처치를 해야 한다.

② 처 치

- 직접압박 : 우선 급히 손바닥으로 상처를 압박하여 출혈을 막고 사고 현장에서 구할 수 있는 가장 깨끗한 헝겊을 두껍게 접어서 상처 바로 위에 대고 압박하면서 붕대로 단단히 감는다. 손을 대는 것이 상처에 오염을 가져오는 경우도 있겠으나 우선 흐르는 피를 막아서 부상자의 생명을 구해야 한다.
- 지압법 : 손바닥이나 손가락으로 동맥을 강하게 눌러 압박하는 방법으로 손가락으로 눌러서 완전한 지혈을 시키기는 어려우나 큰 혈관의 출혈은 방지할 수 있기 때문에 흔히 사용되는 방법이다.
- 지혈대 사용법 : 사지에 큰 출혈이 있어 다른 지혈법으로 막을 수 없을 때 사용하는 방법으로 지혈대를 사용하여 심장에서 가까운 상처 쪽에 매어 완전 지혈이 되도록 단단히 매고, 상처부위를 따뜻하게 해준다. 지혈대를 맨 후 시간을 기입하여 꼬리표를 붙여 놓고 가능한 빨리 병원으로 이송해야 하며, 의사가 보기 전에는 누구도 지혈대를 풀어서는 안 된다.

(3) 골 절

가. 원 인

골절은 추락, 충돌, 사고 등에 의해 뼈에 큰 외력이 가해졌을 때 생기지만 고령자와 어린이는 그저 넘어진 정도의 그다지 크지 않은 힘이 가해지기만 해도 골절이 되는 경우가 있다.

나. 증 상

골절된 부위가 부어오르고 심한 통증과 함께 환부를 움직이기 어렵게 되고 부상자는 골절 시 뼈가 '뚝'하고 부러지는 느낌이 들었다고 말한다. 또 부러진 뼈가 혈관을 상하게 하여 내출혈을 일으키거나, 주위 조직에도 손상을 줄 우려가 있다.

다. 골절형태

- 불완전 골절 : 뼈에 금만 간 골절
- 골굴절 : 어린이의 뼈와 같이 연한 뼈에서 일부분만 골절되고 나머지는 구부러지는 골절
- 완전골절 : 완전골절에는 골절선이 직선으로 횡단하여 골절된 횡단골절과 골절선이 경사져 골절선 끝이 창끝같이 날카롭게 골절된 경사골절, 골절선이 회전하여 나선형 골절을 이루고 골절선 끝이 날카로워진 나선형 골절이 있다.
- 분쇄골절 : 두 개 이상의 골편으로 부서지는 골절을 말한다.
- 단순골절 : 피부에 손상이 없는 골절
- 복잡골절 : 창상을 겸한 골절을 말하며 개방골절이라고 말하기도 한다.
- 함몰골절 : 두개골이나 얼굴뼈의 골절 시 부러진 골편이 조직 안으로 들어가는 것
- 압박골절 : 척추골절 시 골절된 뼈가 다른 뼈에 눌리게 되는 것

라. 처 치

- 골절부위를 움직이지 않도록 하고 부목(우산, 지팡이, 널빤지 등으로 대용하되 골절된 관절보다 긴 것으로 하여 고정)을 대어 후송한다.
- 골절부위에 창상이 있으면 부목을 대기 전에 드레싱을 하도록 한다. 소독된 것이 준비되어 있지 않으면 깨끗한 천으로 덮어 주도록 한다.
- 관절부위의 골절은 똑바로 펴려고 시도하지 말아야 한다.
- 복합골절 시 돌출된 골절편을 밀어 넣으면 안 된다.
- 말초부위의 혈액순환 장애 유무를 확인하기 위해 다음 증상을 관찰한다.
  - 통증, 맥박, 감각이상증, 창백, 마비 등
- 구급처치가 끝난 후 병원으로 후송하여, 수술이 필요한 경우 수술을 시행하고 석고붕대, 견인, 골강 내 고정 등을 시행한다.

(4) 중독(Poisoning)

가. 가스 중독(일산화탄소 중독)

① 원 인
- 연탄가스에서 나오는 일산화탄소를 마시게 되어 중독이 되었을 때
- 환기가 잘 안 되는 실내에서 석유난로를 쓸 때
- 자동차 엔진을 끄지 않고 오랫동안 자동차 속에 있었을 때
- 화재 시에 나오는 일산화탄소에 중독이 되었을 때

② 증 상
- 급성 가스 중독이 생기면 머리가 무겁고 아프며, 귀에서 소리가 나고 정신집중이 잘 안 되며 어지럽다.
- 가스 중독이 심할 때는 토하고 오줌을 싸며, 눈동자가 정상 이상으로 커지고 얼굴이 창백해지면서 경련을 일으키고 의식을 잃게 된다.
- 만성 가스 중독에 걸리면 골치가 아프면서 어지럽고 속이 메스껍고 기운이 없고 현기증이 생긴다. 또한 소리를 잘 듣지 못하고 하는 일에 능률이 오르지 않는다.

③ 처 치
- 고압산소를 줄 수 있는 병원으로 급히 후송한다. 일단 병원에 도착하기 전까지는 통풍이 잘 되는 곳에 눕히고 머리를 뒤로 젖혀 기도가 열리게 한다.
- 입속에 구토물이 있을 경우 이를 제거하여 기도를 깨끗이 확보한다.
- 가스에 중독되어 자신의 힘으로 숨을 쉬지 못하면 인공호흡을 시킨다.
- 보온에 유의하여 체온 하강시 담요 등을 덮어 준다.

나. 식중독

① 원 인
식중독이란 독성이 들어 있는 음식을 먹어서 걸리게 되는 위장염의 한 종류이다. 여기서 독성이란 대개 박테리아이다. 박테리아에 오염된 음식을 먹었을 때 톡신이라고 알려진 독이 퍼져서 장의 내벽이 직접적인 영향을 받게 되어 장내벽에 염증이 생긴다.

② 증 상

식중독의 주요 증상은 설사이며 그 외에 복부 경련이 있고 열, 구토증, 근육 약화나 오한이 나며 밥맛을 잃는다. 또 알레르기 반응으로 두드러기가 생기기도 한다.

③ 처 치

- 설사와 구토 증상이 있으면 열이 있는지 확인해 본다.
- 변에 피나 점액이 섞여 있는지 살펴본다.
- 안정시키고 음식은 아무것도 먹이지 않되 소금과 포도당이 섞인 물을 소량씩 먹여 탈수를 예방한다.
- 설사와 구토, 무기력, 복통이 계속되면 병원으로 후송한다.

다. 독극물 중독

독극물을 먹거나 마실 경우에 우발적인 독극물 중독 사고가 생길 수 있다. 섭취된 중독 물질은 얼마동안 위장 내에 머물게 된다. 위장을 통해서는 극히 적은 양이 흡수되며 대부분은 소장을 통과하면서 흡수된다. 그러나 부식성 물질에 의한 중독일 경우는 마신 순간부터 구강 점막을 비롯하여 소화기계에 큰 손상을 주게 된다. 따라서 응급처치에 의해 손상 정도를 최소화 시켜야 되며 대부분의 중독물질은 위장관에 도달되기 전에 제거되어야 한다.

① 증 상

구토와 복통, 무기력, 경련, 혼수 등 심각한 증상이 동반될 수 있다.

② 처 치

- 먼저 기도를 유지한다.
- 구토를 유도할 것인지를 결정하고 입으로 되도록 빨리 토하게 한다. 기계적 자극으로 물을 한 컵 마시게 하고 손가락이나 설압자를 이용하여 인두를 자극하여 토하게 하거나 구토제를 사용한다.
- 토하게 하려고 해도 토하지 않을 때는 위세척을 한다.
- 먹은 물질이 무엇인지 빨리 알아내야 한다. 그러기 위해서는 먹고 남은 약병이나 약물을 알아보고 의사나 간호사에게 알리도록 한다.
- 중화제나 해독제를 준다. 해독제로는 홍차, 전분, 우유, 계란 등을 먹인다. 알카

리 중독에는 식초를 희석하여 먹이거나 오렌지주스 등을 먹이고 산중독에는 비눗물, milk of magnesia 등을 먹인다.

(5) 화상(Burn)

가. 원 인

화상이란 전기나 열이 있는 물질, 방사능 물질, 화학물질 등에 의해 세포의 단백질의 변화로 세포가 파괴되고 주위조직을 침입하여 피부나 호흡기계 혹은 상부 소화기계의 점막에 손상을 주는 상처를 말하며, 화상의 원인은 크게 4가지로 나눌 수 있다.

나. 화상의 분류

① 1도 화상 : 표피만 손상된 경우로서 중증도의 태양광선에 그을릴 때처럼 허물이 벗겨지고 수포는 없으나 피부가 붉어지고 통증이 있다. 1주일 이내에 치유될 수 있다.

② 2도 화상 : 국소혈관, 즉 임파관과 모세혈관에서 나온 내용물이 든 수포가 생기는 것이 특징이며 상피층까지 침범하며 2-3주에 치유될 수 있으나 감염으로 인해 3도 화상으로 진전될 수 있다.

③ 3도 화상 : 피하조직까지 파괴되는 화상으로 심한 부종이 나타나지만 수포나 통증은 없다. 조직의 괴사가 일어나고 딱지는 2-3주에 부드러워지나 치유가 되어도 흉터가 남는다.

다. 증 상

화상을 당하게 되면 공포, 병적인 흥분이 나타나며, 심한 통증이 생긴다. 또한 모세철관 투과성과 삼투압 작용으로 주위조직에 전해질과 단백질이 함유된 혈장이 새어나와 수포나 부종이 나타나게 된다. 그 외에도 혈압하강 및 소변량 감소, 쇼크 등이 일어날 수 있다. 이렇게 나타난 쇼크는 화상으로 인한 사망의 주원인이 된다.

라. 처 치

• 만일 옷에 불이 붙었다면 주위의 물건 등을 이용해 불을 꺼야 하며, 도구가 없을 경우 위험하지 않은 바닥에 굴러 불을 꺼야 한다.

- 일단 화상을 입으면 찬 것을 화상 부위에 대는 것이 가장 좋은 처치이다. 화상부위를 찬 물에 담그거나 찬 수건을 대면 통증이 감소되고 부종이나 손상을 줄일 수 있다. 그러나 얼음을 화상부위에 직접 대는 것은 삼가하도록 한다.
- 물집이 잡힌 화상의 경우 물집을 터뜨리지 말고 실베데인 연고를 바른 후 그 위에 거즈를 덮어 4-10일 정도 치료하면 완치된다.
- 노출된 화상부위는 공기나 오염물질과의 접촉방지를 위해 깨끗한 천으로 덮어두고, 나머지 부분은 체온 하강을 방지하기 위해 담요로 덮어준다.
- 일단 응급처치가 끝나면 병원으로 이송하고, 의복을 억지로 벗기려고 하지 말고 조용히 눕혀 둔다.

(6) 쇼크(Shock)

가. 원 인

쇼크란 하나의 단순한 질병이 아니라 임상 증후군이며 심한 출혈, 화상, 충격, 손상, 중독, 과민반응(allergy) 등 여러 가지 원인에 의해 일어날 수 있다.

또한 일시적이며 가벼운 정도의 것으로부터 죽음에 이르는 것까지 여러 단계가 있다.

나. 증 상

① 의식혼동 및 불안정(대개는 이런 증상만 보임)
② 호흡 : 빠르고 곤란
③ 맥박 : 빠르고 약함(신경성 쇼크시는 맥박이 느려질 수도 있음)
④ 말초혈관의 허탈(collapse)
⑤ 피부 : 차고 축축하며 창백함(신경성 쇼크시는 따뜻하고 건조해짐)
⑥ 혈압하강(가장 마지막 징후임)

다. 처 치

① 기도유지 : 구토시 유의한다.
② 산소투여 : 필요시 호흡기구를 사용한다.
③ 지혈 : 동맥출혈이나 정맥출혈시 직접 압박한다.
④ 체온유지 : 쇼크가 발생할 경우 체온을 적절히 유지하지 못하므로 쉽게 오한을

느낀다. 바람을 막아주거나 담요 등을 덮어준다. 그러나 너무 덥게 해주면 땀 때문에 오히려 체액손실을 유발할 수 있으므로 주의한다.

⑤ 생리적 체위유지 : 머리나 흉부 손상을 제외하고는 뇌혈류 유지를 위해 15-30° 정도 하지를 올려준다.

⑥ 의식상태, 맥박, 혈압관찰

⑦ 불필요한 움직임은 오히려 해로우므로 가급적 움직이지 않게 해준다.

⑧ 갈증을 호소할 경우 거즈나 물수건 등에 물을 적셔서 입술에 대주고 음식물이나 음료 등을 권해서는 안 된다.

(7) 동물 및 곤충에 의한 사고

가. 뱀에 의한 교상(snake bite)

① 원 인

전 세계적으로 약 2,500종의 뱀이 있는데 그 중에서 독사는 200종 미만이다. 뱀은 원래 겁이 많은 동물이다. 궁지에 몰렸을 때 방어수단으로 물게 된다. 살모사는 뱀 속에 알을 까게 되는데 새끼를 가진 살모사는 매우 잘 물게 되므로 특히 주의를 요한다.

② 확 인

뱀에게 물렸을 때는 물린 자국을 검사하여 그 뱀이 독사인지 무독사인지를 감별한다. 독사와 무독사에게 물린 자국의 차이는 다음과 같다.

독사에게 물린 자국은 상단에 있는 2개의 큰 이빨 자국을 따로 볼 수 있다.

그러나 실제 물린 자국이 일부분밖에 피부에 남아 있지 않은 경우에는 이의 자국으로 감별하기 힘든 수도 있다.

③ 증 상

• 뱀에 물렸다는 그 자체로도 정신적인 공포감에서 얼굴이 창백해지며 현기증, 무기력감을 느낀다.

• 구토 발작. 서맥이나 빈맥, 저혈압이 나타나고 중증인 경우 전신마비, 호흡정지까지 나타날 수 있다.

• 국소증상은 무독사 교상과 독사 교상이 비슷하여 부종이 생긴다. 그러나 독사 교상의 경우는 수분 이내에 국소 부위 산통이 심해지고 출혈, 괴사로 인해 주위 피

부색이 암적색으로 변색되며 종창이 나타난다.

④ 처 치

• 모든 처치는 가능한 신속하게 5분 이내에 실시되어야 한다.

• 대상자를 눕혀서 안정시킨다.

• 넥타이나 붕대 같은 것으로 물린 자리보다 4-5인치 윗부분(중심부에 가까운)을 결박하여 동맥혈류는 유지하면서 정맥혈류는 정지될 정도로 압박한다. 즉 물린 상처에서는 피가 연속적으로 흘러내리도록 한다.

• 일단 압박된 붕대는 절대로 풀어서는 안 된다.

• 골절시와 마찬가지로 환부에 신속하게 부목을 대준 후 심장수준 이하로 환부를 낮추고 흔들리지 않도록 고정한다.

• 움직일수록 혈류량을 증가시켜 사독의 흡수를 촉진시키므로 환측하지로 걸음을 걷지 않도록 한다.

• 중추신경 억제를 가속화 시키므로 알코올 섭취는 금한다.

• 항독소 투여를 위해 가능한 빨리 병원으로 후송한다. 이때 병원이 1시간 이상의 거리에 있을 경우 면도날이나 칼을 성냥불로 소독한 후 길이 6mm, 깊이 3mm 미만으로 절개하여 30분 이상 입으로 세게 흡인한다. 단 구조자는 입안에 상처가 없어야 한다.

나. 벌이나 벌레에 물린 경우

① 증 상

구진, 발적, 통증과 함께 소양감, 감각이상, 두통, 두드러기, 부종 등이 나타나며, 심할 경우에는 근육 경축 및 마비, 호흡곤란, 청색증, 고열, 빈맥, 서맥 등이 나타난다.

② 처 치

• 국소적 처치로는 침을 제거한 후 상처를 비누나 물로 씻는다. 단, 벌에 물린 부분은 절대 짜지 않도록 한다. 벌침은 독을 포함하고 있어서 다시 찔릴 수도 있기 때문이다.

• 입이나 혀를 물린 경우에는 즉시 병원에 가도록 한다. 이는 부종으로 인해 기도가 막힐 수 있기 때문이다.

• 물린 자리에 얼음을 댄다. 이는 가려움이나 부종을 예방하고 불편감을 감소시켜

준다.

- 여러 곳에 상해를 받았을 경우에는 항독소를 주사하고 안정시키며 필요시 수액공급과 항생제, 항히스타민제제를 투여한다.
- 특히 독벌레에 물렸을 경우는 암모니아수로 소독한 후 찬 물수건을 이용하여 통증을 경감시킨다.
- 독나방 가루가 피부에 묻으면 비눗물로 세척한 후 항히스타민 연고를 바르고 찬 정질을 해준다.

③ 예 방

- 음식은 꼭 싸서 두도록 한다(벌은 단 음식을 좋아한다).
- 단 냄새가 나는 향수는 피한다.
- 옷은 벌을 끌어들이지 않는 흰색이나 자연색을 입는다.
- 야외로 나갈 경우에는 소매가 긴 옷을 입도록 하고 벌침 등을 제거할 수 있는 핀셋과 상비약을 준비한다.

다. 광견에 의한 교상

- 상처를 즉시 비누와 물로 깨끗이 씻는다.
- 상처가 심할 경우 병원 치료를 받는다.
- 문 개를 7-10일간 관찰하여 광견의 징조가 있는지 확인한다.
- 문 개가 건강해 보일 때에는 그대로 관찰하다가 만일 광견의 징조가 있으면 vaccine주사를 시작한다.

(8) 부상자 운반법

부상자에게 더 많은 손상을 주지 않고 안전하게 병원으로 운반하는 것은 응급처치의 중요한 기본 원칙이라 할 수 있다.

➡ 운반법의 목적
- 부상자에게 더 많은 손상과 합병증을 예방하기 위함이다.
- 상황에 맞는 최선의 방법을 선택하기 위함이다.
- 운반이나 준비하는 동안에 부상자에게 불필요한 방해를 주지 않기 위함이다.

가. 부축법

부상자가 의식이 있고 하지에 약간의 상처가 있는 경우에 유용하다. 안쪽에 있는 발을 함께 떼면서 걸음을 걷는다.

나. 두 사람이 앉혀서 가는 법

의식이 있는 부상자가 단거리를 갈 경우에 유용하며 두 사람은 손을 이용하여 자리를 만들어 부상자를 앉혀서 운반한다.

다. 의자 운반법

좁은 계단이나 길에서 걸을 수 없는 부상자를 의자에 앉혀서 운반하는 방법이다.

라. 들 것 운반법

부상자 운반시 가장 안전한 방법이며 임시 들것으로 문짝, 판자 등을 이용할 수 있다. 특히 척추골절이 의심되는 부상자는 절대로 움직이지 않도록 지시하고 운반시는 충분한 인원을 동원하여 구령을 붙이면서 동시에 들어 올려 몸이 항상 일직선을 유지하도록 해야 한다.

⑤ 직무수행능력평가

(1) 평가기준

성취수준	수행정도	평가점수
5	해당지식과 기술을 **완벽하게 습득하여** 직무수행에 필요한 기술적인 사고력과 문제의 해결능력을 토대로 **주도적으로 완벽하게 임무를 수행**할 수 있다.	75-80
4	해당지식과 기술을 습득하여 직무수행에 필요한 기술적인 사고력과 문제의 **해결능력을 토대로 임무를 수행**할 수 있다.	70-74

성취수준	수행정도	평가점수
3	해당지식과 기술을 대부분 습득하여 직무수행에 필요한 지식과 기술을 대부분 수행할 수 있다.	65-69
2	해당지식과 기술을 부분적으로 습득하여 타인과 공동으로 직무수행할 수 있다.	60-64
1	해당지식과 기술이 부족함이 있어 타인의 도움을 받아야만 직무수행할 수 있다.	60 미만

(2) 평가문항

평가자는 다음 사항을 평가해야 한다.

- 형사사건 관련 법규 이해능력
- 각 형사사건 유형별 특성 이해정도
- 살인사건에 대한 초동조치능력
- 강도사건에 대한 초동조치능력
- 성범죄에 관한 초동조치능력
- 절도사건에 대한 초동조치능력
- 재물손괴사건에 대한 초동조치능력
- 변사사건 등에 관한 초동조치능력
- 현장보전에 관한 지식 및 구현능력
- 현장통제에 관한 지식 및 구현능력
- 응급처치능력
- 경찰기관이나 응급의료기관 연락방법 수행능력

08

NCS 기반
일반경비원
신임교육교재

체
포
·
호
신
술

체포·호신술(Self-defense martial arts)

① 직무명 및 NCS 능력단위

직무명	능력단위	능력단위코드	학습모듈
01. 경호, 경비, 보안	호신제압술수련하기	1101010102_14v1	경호모듈

② 목표 및 개요

교과목개요 및 특징	**[교과목개요]** 각종 위해로부터 경호대상자의 생명, 신체안전, 재산을 보호하기 위해 사용하는 무예와 무술을 구현하는 능력이다 **[교과목특징]** 기초체력 육성방법을 교육, 실습하고 체포, 호신술 원리 및 기본동작과 응용동작을 익혀 업무능력을 향상시킨다.	
교육목표 (수행준거)	3.1 경호무술에 맞는 경호무술수련계획을 수립할 수 있다. 3.2 경호무술 수련방법에 따라 경호호신술을 수행할 수 있다. 3.3 경호무술 수련방법에 따라 경호제압술(체포술)을 수행할 수 있다. 3.4 정해진 평가방법에 따라 경호무술수련 달성도를 평가할 수 있다.	
교육내용	체포, 호신술의 원리 및 기본동작과 응용동작을 익혀서 경호, 경비, 보안 요원으로서 제압능력 및 무력을 육성한다.	
장비 및 도구	NCS능력단위	자체능력단위
	• 훈련용 바닥매트 • 시청각 장비	• 훈련용 바닥매트 • 시청각 장비

	• 삼단봉					• 삼단봉		
교수학습방법	이론강의	실습	발표	토론	팀프로젝트	캡스톤디자인	포트폴리오	기타
	○	○						○

	A	B	C	D	E	F	G	H	I	J	K	L	M
평가방법							○	○					○
	A.포트폴리오 B.문제해결 C.서술형시험 D.논술형시험 E.사례연구F.평가자질문 G.평가자체크리스트 H.피평가자체크리스트 I.일지/저널 J.역할연기 K.구두발표 L.작업장평가 M.기타												
교육정보	국가직무능력표준(NCS)												

③ 진단평가

(1) 개 요

학습자 스스로가 학습 출발점을 알고 자기주도형 학습이 가능하도록 체크리스트를 활용해 학습진단을 할 수 있도록 한다.

(2) 평가내용

영역 (능력단위요소/코드)	진단문항	자가진단		
		우수	보통	미흡
공통기초	• 체포호신술에 대해 어느 정도 아는가?			
	• 본인의 기초체력은 어느 정도인가?			
기초내용강화하기	• 관련 무도(태권도, 유도 등)에 대한 경험정도는 어느 정도인가?			
	• 체포, 호신술에 대한 기본동작은 알고 있는가?			

(3) 평가시기 : 1교시

(4) 평가방법 : 자가진단평가를 활용

176

(5) **평가 시 고려사항** : 진단평가 결과는 교육평가에 반영되지 않으므로 학습자가
　　솔직하게 문항에 응답하고 자신의 학습상태를 확인해 볼 수 있도록 지도한다.

(6) **평가결과 활용계획** : 수업운영 및 교육생 상담 등에 활용한다.

④ 교과내용

4-1　체포, 호신술의 이해

　　체포, 호신 기술은 상대로부터 예고 없이 공격을 당했을 때 우선 자신의 몸을 효과
적으로 방어하고 동시에 가해자를 제압 및 체포하는 기술이다.
　　이에 자신의 몸을 선제공격(先制攻擊)으로부터 지켜낸다는 점에서 비폭력적인 기술
이다(박영만, 2006).
　　따라서 체포, 호신술은 기본적으로 상대의 공격을 사전에 막아내거나 봉쇄하는 기
술이다.
　　일반적으로 전통 고유무술(도)로 불리어지는 대부분의 무술(도)들은 공격기술을 바
탕으로 상대에게 신체적 위해를 가하는 것이 특징이다.
　　그러나 체포, 호신 기술은 우선 자신의 몸을 폭력적인 공격으로부터 안전하게 지키
고 간단한 방법으로 제압, 체포한다는 점에서 타 무술(도)과는 근본적으로 다르다.
　　이는 체포, 호신기술이 수세(守勢)의 기술이라는 점에서 검도, 레슬링, 복싱, 유도,
태권도 등 타 무술(도)종목과도 비교된다. 이들 무술(도)은 본래 공격기술을 바탕으로 적
극적인 호신차원에서 시작된 것이 대부분이다. 그렇기 때문에 방어자보다는 공격자 우
위로 경기가 운영되게 된다. 결과적으로 판정은 공격포인트에 의해 결정되는 것으로서
공격은 공격을 더욱 부추기는 현상으로 나타난다. 그러나 체포, 호신기술은 적극적인
선방어를 한 후 효과적인 후공격을 실시한다는 개념에서 시작된다. 그러므로 체포, 호
신기술은 타인을 공격하는 가해자가 아닌 방어자인 것이다.

4-2 체포, 호신술의 원리

일반적으로 체포, 호신 기술은 세 가지로 나누어 볼 수 있다.

첫째: 선수(先手)이다. 선수는 가장 바람직한 방어방법이다. 상대가 위해를 가하기 전에 집중력을 발휘하여 상대의 심리적 변화와 행동의 추이를 직감하여 가해(加害)의지를 사전에 봉쇄하는 방법이다. 따라서 꾸준한 체포, 호신을 위한 제압기술의 훈련이 필수적이다.

둘째: 탈출(脫出)하는 것이다. 자신의 몸을 상대로부터 벗어나는 방법인데, 집중력을 발휘, 상대의 허점을 이용하여 지혜롭게 탈출하는 방법이다.

셋째: 역(易)으로 공격(攻擊)하는 것이다. 역으로 공격하는 방법에는 급소를 타격하는 방법과 관절을 제압하는 방법, 넘어뜨리기 방법 등으로 나뉜다. 급소를 타격하는 방법으로는 상대의 눈, 목, 인중, 관자놀이, 턱, 명치, 낭심, 정강이 등 신체의 급소(急所) 부분을 가격해 상대의 가해(加害)의지를 꺾는 것이다. 이들 부위는 일시적으로 상대방 신체의 균형과 중심을 무너뜨리는 효과가 있다.

따라서 관절의 제압은 관절을 비틀거나 꺾어서 상대방을 제압하는 기술로서 체포, 호신 제압의 가장 대표적인 기술이다. 일반적으로 관절 꺾기는 손목 및 어깨 꺾기와 팔꿈치 비틀어 누르기로 나뉜다.

또한 넘어뜨리기는 가해자인 상대방을 넘어뜨림으로써 현장을 탈출할 수 있는 기회가 되고 반격(反擊)을 가할 수 있는 기회와 시간을 확보하는 방법이다.

1) 체포, 호신 기술의 4가지 원리

제1원리 : 상대의 힘에 반항하지 않고 순응(順應)하는 것이다.
가해자의 심리상태는 대부분 최고조로 흥분된 상태이므로 완력은 그만큼 크다. 이러한 상황에서 무리한 맞대응은 절대 금물이다.

제2원리 : 본인의 체중을 이용하는 것이다.
힘은 질량과 속도의 곱으로 설명할 수 있다. 여기서 질량이란 체중을 의미하는데, 순간적으로 체중을 이용하여 힘의 크기를 증가시키는 것을 의미한다. 힘이 약한 여성의 경우는 가해자가 힘으로 저항할 때 몸 전체의 체중을 통해 힘을 집중시키는 것이 중요하다.

제3원리 : 회전의 원리이다.

신체운동을 동일한 방향으로(상대의 힘에 순응) 상대의 힘에 흐름을 역이용하는 원리 방법이다.

제4원리 : 가해자의 틈을 이용하는 것이다.

가해자에게 손목을 잡힌다면 잡혀있는 상지를 상대방을 향해서 펴주게 되면 상대방의 팔은 상대적으로 굽어지게 된다. 구부린 팔은 뻗은 팔(버티는 동작)의 힘이 절반수준에 불과하므로 위기의 순간을 벗어날 수 있게 된다.

2) 체포, 호신 제압의 3가지 원칙

첫째, 신속 정확한 판단

망설임 없이 어떠한 기술을 어떻게 사용해야 할 것인가에 대하여 신속 정확하게 판단하여야한다.

둘째, 신속한 접촉

제압하고자 하는 기술이 판단되면 가해자에게 즉시 간격을 좁혀 신속하게 접촉하여야 한다.

셋째, 신속·정확한 제압

가해자에게 정확한 거리 간격을 두고 즉시 접촉함과 동시에, 신속·정확하게 제압하여야 한다.

(1) 피하기(Dodge)

▸ 얼굴 피하기(Face dodge)

앞에 놓인 발을 옆으로 이동하여 얼굴을 피한다.

▸ 몸 피하기(Side step dodge)

뒤에 놓인 발을 옆으로 이동하여 몸을 피한다.

▸ 뒤로 피하기(Back step dodge)

한발을 뒤로 이동하여 몸을 피한다.

(2) 낙법(Falling)

▶ 전방 낙법(Forward roll)

양팔을 삼각형으로 벌려 바닥을 치면서 고개를 돌림과 동시에 양발을 곧게 펴준다.

▶ 후방 낙법(Backward roll)

양팔을 45° 벌려 뒤로 바닥을 치면서 다리는 90° 올려 시선은 복부 부분을 주시한다.

▶ 측방 낙법(Flank roll)

모로 누워서 팔의 각도는 45° 벌려 한 손바닥으로 명치부분에 위치하고 다른 한 손으로 낙법을 친다.

▶ 회전 낙법(Turn over roll)

우자연체로 서서 왼손은 삼각형 지점에 짚고 오른손은 안쪽을 향하여 대고 앞으로 회전하면서 측방낙법 자세를 취한다.

(3) 꺾기(Twisting)

▸ 손목 꺾기(Wrist lock)

상대 손목을 엄지쪽으로 돌려 꺾는다.

▸ 어깨 꺾기(Shoulder twisting)

겨드랑이 사이로 손을 넣어 어깨를 얽어 꺾는다.

▸ 팔꿈치 꺾기(Elbow twisting)

손목을 잡고 다른 손바닥으로 팔꿈치를 비틀어 눌러 꺾는다.

▶ **팔꿈치 얽어 꺾기**(Elbow twisting)

한 손으로 막고 다른 손을 상대 팔꿈치 밑으로 넣어
얽어 꺾는다.

▶ **팔꿈치 돌려 꺾기**(Elbow twisting)

한손 팔꿈치 밑으로 넣어 다른 한손과 함께 돌려
꺾는다.

▶ **목돌려 꺾기**(Neck twisting)

왼손을 상대 머리 뒷부분을 잡고 오른손 바닥으로
상대 턱을 잡고 돌려 꺾는다.

(4) 한 손목을 잡혔을 때(꺾기)(When grabbed the wrist)

① 그림과 같이 자신의 왼손목을 상대가 왼손으로 잡았을 때

② 오른발을 1보 내딛으며 잡힌 왼손을 상대 안쪽으로 밀었다가 밑으로 채면서 밖으로 돌린다.

③ 잡힌 손목을 세워 왼손 엄지가 상대의 손 가운데에 가게 꺾어 잡고 오른손을 앞으로 말아 상대의 왼손 엄지를 꺾는다.

④ 오른발을 상대의 오른발쪽으로 더더욱 내디디며 상대의 왼팔을 주관절 부위를 그림과 같이 꺾는다.

(5) 양 손목을 잡혔을 때(When grabbed both wrists)

① 상대가 두 손으로 양손목을 잡았을 때 오른손을 뺌과 동시에

② 빠진 손으로 상대 오른 손목을 잡고 잡힌 왼손을 밖으로 돌려 꺾으며

③ 나의 왼발이 1보 앞으로 나가며 겨드랑이에 상대의 팔을 감싸 잡으며

④ 눌러서 어깨 관절을 완전 제압한다.

(6) 멱살을 잡혔을 때(팔꿈치 꺾기)(When grabbed by the collar)

① 그림과 같이 마주보고 선다.

② 상대가 오른발을 1보 앞으로 나와서며 멱살 (손등이 위로)을 잡는다.

③ 양손으로 상대의 손목을 감싸 안는다.

④ 왼발을 축으로 등 뒤로 180° 돌며 상대의 팔 꿈치를 겨드랑이에 끼워 눌러 꺾는다.

(7) 머리를 잡혔을 때(When grabbed the head)

① 그림과 같이 내 머리를 앞에서 감아 잡았을 때

② 내 오른손과 왼손으로 머리가 안 빠지도록 감싸 잡고 상대가 잡은 손목을 눌러 꺾는 동시에

③ 자세를 낮추며 오른발을 상대의 오른발 앞으로 내디디며 오른쪽 겨드랑이에 고정시켜 눌러 꺾는다.

(8) 멱살을 당겨 잡혔을 때(When grabbed and pulled by the collar)

① 그림과 같이 멱살을 당기며 잡았을 때

② 멱살 잡은 손을 감싸 잡으며 동시에 손목을 꺾고 왼발을 상대 왼발 쪽으로 1보 전진하며 상체를 낮춘다.

③ 자세를 낮추면서 상체를 숙여 상대의 왼손을 틀어 손목 관절을 꺾는다.

(9) 주먹으로 공격해 올 때 방어 및 제압
(Defend and ascend opponent against punch)

① 상대방이 오른발을 앞으로 해서 오른손으로 얼굴부위를 공격해 올 때 자신은 왼발이 대각선 방향으로 1보 전진하여 피함과 동시에 왼손 팔뚝으로 얼굴막기 자세로 막은 다음 손을 펴서 손목을 잡는다.

② 오른손은 상대의 팔 밑으로 들어가 왼손과 같이 겹쳐 잡는다.

③ 왼발이 1보 후퇴하며 왼손은 상대손목을 그대로 잡고 오른손은 상대 뒷덜미를 잡음과 동시에 상대의 오른손을 자신의 오른손 팔뚝에 받쳐 제압한다.

④ 이때 왼발로 상대의 오른발 오금이나 정강이를 걸어 넘어뜨리는 방법도 있다.

(10) 팔 얽어 꺾어 제압(Ascending by twisting an arm)

① 마주선 상태에서 상대의 겨드랑이 사이로 오른팔을 끼워 넣은 다음

② 견갑골(어깨뼈)을 누르며 상대를 앞으로 중심을 잃게 만들며

③ 나의 왼손을 합세하여 완전 제압한다.

(11) 발로 차올때 1(Kick attack 1st)

① 그림과 같이 마주선 상태에서

② 왼발을 밖으로 내디디며 오른손으로 막아 잡고

③ 왼발을 상대 왼발 앞으로 내디디며

④ 상대의 발을 계속 잡고 앞으로 밀어 넘어뜨린다.

(12) 발로 차올때 2(Kick attack 2nd)

① 그림과 같이 마주선 자세에서

② 공격한 왼쪽다리를 막아 잡으며

③ 주먹 또는 아귀손으로 턱을 가격한다.

(13) 칼로 찌를 때 막아 잡으며 밭다리 걸기
(Defend against sword attack-block, grab, and, throw)

① 상대가 단검으로 찌르려 할 때

② 손날로 막으며 쳐냄과 동시에 상대의 오른손 목을 잡고

③ 오른발이 상대 오른발 뒤로 내디뎌 아귀손으로 목을 밀어 밭다리를 걸어

④ 넘기는 동시에 상대의 오른손을 두 손으로 합세하여 잡아 꺾어 제압한다.

(14) 칼로 밖에서 안쪽으로 찌를 때(Defend against lateral sword attack)

① 상대가 안쪽에서 밖으로 찌를 때

② 왼발을 밖으로 내디디며 오른팔로 막아 잡으며

③ 공격해 오는 손목을 잡는 동시에 나의 겨드랑이로 상대의 팔을 감싸 잡아

④ 상대의 팔을 눌러 꺾으며 손목을 잡아 비틀어 완전 제압한다.

(15) 칼로 공격해 올 때 늑골치고 오금차기
(Defend against sword-kick rib and thigh)

① 그림과 같이 칼로 찌를 자세를 취할 때 대치 자세를 취한다.

② 왼발을 상대 오른쪽으로 옮겨 서면서 동시에 왼손으로 상대 팔(손목 또는 흉기)을 툭 쳐낸다.

③ 오른 주먹으로 상대 늑골을 바로 찌른다.

④ 오른발로 상대 오금을 눌러 제압한다.

(16) 손목치고 무릎치기(Hit wrist and knee)

① 그림과 같이 칼로 찌를 자세를 취할 때 왼 뒷 굽이 자세를 취하며 봉으로 겨눔새 자세를 취 한다.

② 오른발을 대각선 방향으로 옮겨 딛는다.

③ 봉으로 상대의 손목(또는 흉기)을 가격한다.

④ 무릎 안쪽(오금 부위)을 가격한다.

(17) 두사람이 상대팔을 받혀 꺾어 제압
(Defend and ascend by using opponent's arm)

① 앉아서 저항하는 상대의 양손을 두사람이 상대의 양옆에 서서 왼손과 오른손으로 손목 안쪽을 한손씩 나눠 잡는다.

② 두사람은 뒤로 90° 방향으로 돌면서 상대의 앞쪽에 있는 무릎을 굽혀 자세를 낮추고 다른 한 손은 상대의 뒤쪽에서 겨드랑이 상이에 끼워 가슴쪽에서 서로 팔목을 맞잡는다.

③ 상대의 양손 팔꿈치를 자신이 맞잡은 팔의 상박부에 대고 다른 한손으로 잡은 팔을 아래로 힘껏 눌러 꺾음과 동시에 뒷발을 나란히 하며 일어선다.

⑤ 직무수행능력평가

(1) 평가기준

성취수준	수행정도	평가점수
5	해당지식과 기술을 **완벽하게 습득하여** 직무수행에 필요한 기술적인 사고력과 문제의 해결능력을 토대로 **주도적으로 완벽하게 임무를 수행**할 수 있다.	75-80
4	해당지식과 기술을 습득하여 직무수행에 필요한 기술적인 사고력과 문제의 **해결능력을 토대로 임무를 수행**할 수 있다.	70-74
3	**해당지식과 기술을 대부분 습득**하여 직무수행에 필요한 지식과 기술을 **대부분 수행**할 수 있다.	65-69
2	**해당지식과 기술을 부분적으로 습득**하여 **타인과 공동으로 직무수행**할 수 있다.	60-64
1	**해당지식과 기술이 부족함이 있어 타인의 도움을 받아야만 직무수행**할 수 있다.	60 미만

(2) 평가문항

평가자 체크리스트(실기평가)			
직무수행능력평가 차수		일시(주차)	
학부(과)/전공		교과목명	
학생 학번		능력단위요소(코드)	1101010209_14v1
이름		담당교수	

수행준거	1.1 기초체력 강화를 위한 훈련계획을 수립할 수 있다.

평가 개요	80
1. 기초체력 강화를 위한 훈련계획 수립:	
– 체포, 호신술을 위한 기초체력 훈련계획의 이해 및 정확한 동작(실기)	
체포, 호신술 기본기술 훈련(계획)의 이해 및 정확한 동작(실기)	
체포, 호신술 본 기술 훈련(계획)의 이해 및 정확한 동작(실기)	
체포, 호신술 응용기술 훈련(계획)의 이해 및 숙련도(실기)	

* 비고

1. 점수 부여 기준 : 다음의 기준에 따라 점수를 부여하고 체크리스트에 표기합니다.

1: 결과가 불만족스럽고, 시급한 개선이 요구되는 수준임.

2: 중요한 학습 목표 충족에 대한 기대치 이하 수준. 개선이 요구됨.

3: 학습 목표를 적당히 충족한 것으로 보임.

4: 기대 이상의 성과를 나타냄.

5: 다른 학습자들에게 좋은 사례(모범)가 될 정도로 뛰어난 실습 결과물을 도출함.

2. 가중치 : 해당 학습에서 중요하다고 생각되는 비율을 정해 점수에 반영합니다.

예) 최종 결과물의 수준 점수가 4점이고, 가중치가 50%인 경우 4×0.5=2점 부여
* 가중치 설정은 백분율, 배수 등의 방법 모두 사용할 수 있음.

평가자는 다음 사항을 평가해야 한다.

• 기초체력숙달정도
• 각 분야별 기본무도 숙달정도
• 경호호신술 숙달정도
• 경호 제압술 숙달정도
• 이미지트레이닝 숙달정도

09

NCS 기반
일반경비원
신임교육교재

장비 사용법

09
장비사용법

① 직무명 및 NCS 능력단위

직무명	능력단위	능력단위코드	학습모듈
01.장비사용법	경비장비운용관리	1101010109_14v1	보안모듈

② 목표 및 개요

교과목개요 및 특징	**[교과목개요]** 경비장비운용관리란 경비업무 수행상 요구되는 보안장비, 호송장비, 방범시스템 등에 대한 구매, 설치, 유지보수 등의 유지관리와 안전한 총기, 분사기 사용을 위한 운용교육을 수행하는 능력이다 **[교과목특징]** 가스분사기, 가스총 및 전자 충격기를 활용한 현장 판단 및 범인 제압 능력과 관련 법규를 숙지·향상시킴
교육목표 (수행준거)	1.1 관련법규와 업무의뢰자의 요구사항, 경비계획서, 관련메뉴얼 등을 토대로 하여 경비장비 소요요구서를 작성할 수 있다. 1.2 관련법규와 경비계획서, 관련메뉴얼 등을 토대로 경비대상시설에 대해 요구되는 보안장비를 설치·배치할 수 있다. 1.3 관련법규와 경비계획서, 관련메뉴얼 등을 토대로 관련자에 대해 장비의 설치, 점검, 유지관리, 작동법 등에 대한 설명과 교육을 할 수 있다. 1.4 관련 법규와 경비계획서를 토대로 각 장비의 유형에 따른 점검리스트를 만들고 각 보안장비의 정상적인 작동여부와 유지상태를 주기적 또는 수시로 점검할 수 있다.

	1.5 보안장비의 점검 후 문제가 발견된 부분은 수리 및 교체를 요청할 수 있다.
	2.1 관련법규와 경비계획, 그리고 일일근무계획에 따라 호송경비장비관리를 위한 일일, 주간, 월간점검 리스트를 작성할 수 있다.
	2.2 관련 법규상의 규정과 호송경비계획을 토대로 각 장비의 유형별 점검리스트에 따라 장비의 작동여부와 유지상태를 점검할 수 있다.
	2.3 장비의 점검 후 문제가 발견된 부분은 수리 및 교체를 요청할 수 있다.
	3.1 관련법규와 업무의뢰자의 요구사항, 경비계획서에 따라 경비대상시설에 대한 방범시스템설치 포인트를 설정할 수 있다.
	3.2 경비대상시설에 대한 방범시스템설치 후 정상작동 여부를 시험평가할 수 있다.
	3.3 경비대상시설에 대한 방범시스템(기계경비시스템)설치 후 업무의뢰자에게 법규에서 정한 설명의무사항을 설명하고, 관련 자료를 배포할 수 있다.
	3.4 경비계획과 일일근무계획에 따라 방범시스템에 대한 구성요소별 일일, 주간, 월간점검 리스트를 작성할 수 있다.
	3.5 관련 법규상의 규정과 각 시스템의 유형별 점검리스트에 따라 방범시스템의 정상작동여부와 유지상태를 점검할 수 있다.
	3.6 방범시스템의 점검 후 문제가 발견된 부분은 수리 및 교체를 요청할 수 있다.
	3.7 점검 및 확인 결과 반복적인 오경보 또는 오작동일 경우 원인을 파악한 후 조치를 취할 수 있다.
	5.1 관련법규와 경비계획서 등을 바탕으로 분사기의 안전한 사용을 위한 조작교육을 위한 절차와 교본 등을 만들 수 있다.
	5.2 경비원의 기본 지급장구인 분사기의 제원과 특성 등에 대한 교육을 실시 할 수 있다.
	5.3 분사기의 상황별 안전한 사용요령에 대한 교육훈련을 할 수 있다.
	5.4 분사기의 안전한 보관과 점검관리에 대한 교육훈련을 할 수 있다.
교육내용	보안장비 관리하기/호송장비 관리하기/방범시스템 설치관리하기/분사기조작운용하기

장비 및 도구	NCS능력단위	자체능력단위
	• 각 장비유형별 점검키트/청소도구/기록일지	• 시청각 장비 (교재, 법전, 빔, 컴퓨터, 영상자료 등)

교수학습방법	이론 강의	실습	발표	토론	팀 프로젝트	캡스톤 디자인	포트폴리오	기타
	○							○

	A	B	C	D	E	F	G	H	I	J	K	L	M
평가방법			○			○	○						

평가방법
A.포트폴리오 B.문제해결 C.서술형시험 D.논술형시험 E.사례연구 F.평가자질문
G.평가자체크리스트 H.피평가자체크리스트 I.일지/저널 J.역할연기 K.구두발표
L.작업장평가 M.기타

교육정보	국가직무능력표준(NCS)

③ 진단평가

(1) 개　요

학습자 스스로가 학습 출발점을 알고 자기주도형 학습이 가능하도록 체크리스트를 활용해 학습진단을 할 수 있도록 한다.

(2) 평가내용

영역 (능력단위요소/코드)	진단문항	자가진단		
		우수	보통	미흡
공통기초	• 본인의 문서이해능력은 어느 정도인가?			
	• 본인의 경청능력은 어느 정도인가?			
기초내용강화하기	• 본인의 장비사용 관련 법 규정에 대한 이해 정도는?			
	• 본인의 장비 사용법에 대한 이해 정도는?			

(3) 평가시기 : 1교시

(4) 평가방법 : 자가진단평가를 활용

(5) 평가 시 고려사항 : 진단평가 결과는 교육평가에 반영되지 않으므로 학습자가 솔직하게 문항에 응답하고 자신의 학습상태를 확인해 볼 수 있도록 지도한다.

(6) 평가결과 활용계획 : 수업운영 및 교육생 상담 등에 활용한다.

④ 교과내용

교육목표 및 중점 교육방향

① 교육 목표
  - 각 장비별 사용법을 숙지
  - 현장상황 판단 및 범인 제압 능력 향상
② 중점 교육 방향
  - 장비 사용 요령 및 절차 등 체계적 활용 능력 습득
  - 현장에 바로 활용 가능한 실습 위주 교육 진행

장비 사용법

1) 분사기 사용법

(1) 가스분사기의 개요

① 가스 분사기도 무기류와 마찬가지로 「총포·도검·화약류 등의 안전관리에 관한 법률」로 규정되며 총포·도검·화약류·분사기·전자충격기 등으로 인한 위험과 재해를 미리 방지함으로써 공공의 안전을 유지하는 데 이바지함을 목적으로 한다.
② 총포·도검·화약류 등의 안전관리에 관한 법률에서 분사기라 함은 사람의 활동을 일시적으로 곤란하게 하는 최루 또는 질식 등의 작용제를 분사할 수 있는 기기로서 대통령령이 정하는 것을 말한다.
③ 종류로는 총포형 분사기, 막대기형 분사기, 만년필형 분사기, 기타 휴대용 분사기 등으로 분류하고 있으며 다만 살균용, 살충용 및 산업용 분사기는 제외한다.
④ 최루 및 질식 작용제는 화학물질관리법 등 다른 법령의 규정에 의하여 제조·사

용이 제한되는 유해화학물질과 최루가스를 분사기에 사용하는 것은 제한된다.

⑤ 그 대표적 화학 작용제로는 캡사이신, 머스타드오일, CS 작용제 등이 있다. 동법 시행령 제3조 제1항에서는 잘못 혼용되어 쓰이는 가스 분사기와 가스총의 개념을 명확히 하고 있다.

⑥ 가스총은 총포·도검·화약류 등의 안전관리에 관한 법률에 규정한 것을 말하고 총포라 함은 권총, 소총, 기관총, 포, 엽총, 금속성 탄알이나 가스 등을 쏠 수 있는 장약총포, 공기총(압축 가스이용) 및 총포신, 기관부 등 그 부품으로서 대통령이 정한 것을 말한다.

(2) 소지 허가사항

가. 허 가

① 분사기와 전자충격기를 소지, 사용하고자 하는 사람은 총포·도검·화약류 등의 안전관리에 관한 법률 제12조의 규정에 의거 관할 경찰서장의 소지 허가를 받아 구입하여 소지하고 사용할 수 있다(단 만 20세 이상자만 허용된다).

② 총포·도검·화약류 등의 안전관리에 관한 법률 제12조의 총포, 도검, 분사기, 전자충격기, 석궁의 소지허가를 받은 사람은 용도나 그 밖의 정당한 사유가 있는 경우 외에는 총포, 도검, 전자 충격기, 석궁을 사용하면 안 된다.

나. 분사거리 : 총포·도검·화약류 등의 안전관리에 관한 법률 시행규칙 별표 16의2

① 분말 분사식 : 3-7m 이내일 것
② 액체 분사식 : 2-5m 이내일 것

(3) 분사기의 발전 과정

가. 분사기의 등장

① 1986년 아시안 게임과 1988년 올림픽 개최에 따른 민간경비 업무의 필요성이 대두되면서 경비업무를 적정하게 수행할 보다 강화된 경비 호신용 수단으로 도입되었다.

② 휴대용 소화기의 작동 원리를 이용하여 방범용으로 생산 시판 상용화에 성공하였다.

③ 1989년 12월 30일 총포류 단속법을 개정하여 각 규정 속에 분사기를 법제화하여 관리하고 있다.

나. 가스 분사기의 발전 단계

① 초기 – 단발 분사형태
② 중기 – 단연발, 2연발
③ 현재 – 권총 형태

(4) 분사기의 특징 및 분류

가. 분사기의 특징

① 기본 작동원리 : 분사기 약재통 내부에 최루 또는 질식작용제(분말 또는 액체의 불연성인 물질)를 내장하고 약제통 내부에 액화질소 또는 액화 프레온 가스를 강제로 압입하여 노즐을 통해 분사한다.
② 가스 분사기 사용시 치명적인 효과를 기대하기 어렵지만 순간적으로 제압하기 위해 유용하게 사용할 수 있으며 총기에 준하는 수준에서 사용하고 경호요원이 물리적으로 위해자를 제압하기 어려운 상황에서 사용한다.
③ 범인에게 가스 분사기가 사용되면 범인은 1-2분간 눈을 뜨기 어렵고 일시적 말초신경 둔화 및 호흡곤란 등으로 도주와 대항이 불가능하며 피부 및 의복에 유착시 노랗게 색깔이 변하므로 용의자 추적이 유리하다
④ 가스총과 분사기의 구분
  • 가스총은 물체(탄두)를 압축가스의 힘에 의해 발사
  • 분사기는 약제가 내장된 압축가스의 힘으로 분사

나. 분사기의 종류

① **형태에 따른 분류**
  • 총포형, 막대형, 만년필형, 기타 휴대용

② **구조에 따른 분류**
  • 분말식, 액체식

다. 분사기의 장, 단점

① 분말식 분사기
  • 장 점
    − 분사약제 양이 많고 반경 넓어 멀리 분사
    − 분사약제 매운 성분이 강력
    − 분사약제 유효기간 길고 경제적
    − 다수의 상대를 제압하는 효과적
    − 확실하게 한발씩 발사
    − 주변 온도에 민감하지 않아 4계절 사용
  • 단 점
    − 모양을 권총이나 소형, 경량화 등 다양화 어려움
    − 한발, 2발 발사할 수 있으나 그 이상 발사 어려움
    − 분사시 주변의 바람 영향을 많이 받음

② 액체식 분사기
  • 장 점
    − 권총모양 등 형태 다양화, 경량화할 수 있음
    − 짧게 여러 번 나눠 6-7회 이상 분사 가능
    − 탄창 리벌버 화약식의 경우 한 발씩 나눠 5발까지 발사 총성이 발생하므로 방범효과 뛰어남
    − 바람의 영향을 많이 받지 않음
  • 단 점
    − 약제량이 적고 매운 성분 약함
    − 약제 유효기간이 짧고 비경제적
    − 점사식 분사로 분사거리가 짧음
    − 약제 누출이 쉽고 잔량 체크 어려움
    − 지속적 교환으로 유지비가 많이 듬
    − 액체 특성상 온도에 민감함(팽창 또는 결빙)

라. 분사기의 관리 및 사용요령

① 평상시 관리
- 언제든지 사용할 수 있도록 관리
- 유효기간 확인, 기기작동 상태 확인

② 사용 요령
- 안전장치 해제 등 충약과 정비 및 사용법 준수
- 침착하고 당당한 태도 견지
- 적당한 거리 유지, 반드시 바람을 등지고
- 신속하고 정확한 사용, 민첩한 대응태세
- 상대방의 얼굴을 향하여 최대한 근접 발사

(5) 분사기의 종류별 사용법

가. 액체 분사식

① 리벌버식
- 첼린저-9 : 제원
  - 형식 : 리벌버형, 실탄방식
  - 분사거리 : 5m, 횟수 : 실탄 5연발
  - 총성 : 유, 전장 : 175mm
  - 중량 : 340g
  - 재질 : 특수 알루미늄동합금 레인져

- 블랙타이거 2 : 제원
  - 발사거리 : 3-5m, 횟수 : 실탄 6연발
  - 폭음 : 총성, 전장 : 158.5mm
  - 중량 : 280g, 재질 : 특수 경금속
  - 특징 : 3.8구경 권총과 마찬가지로 리벌버 형태
    로 화약의 폭발로 인하여 탄피 내에 들어있는 최루액을 발사

- 액체 원통식 유사 리벌버 : kskc-mit, kskc-mg2
  - 리벌버형의 문제점
    - 화약을 사용하는 관계로 너무 근접하여 사용시 상대방에게 치명상을 입힐 수 있으므로 과잉방어 주의
    - 사거리가 3-5m에 불과하므로 너무 멀리서 사용시 효과가 없고 범위가 좁아 정확히 발사해야 효과
    - 형태가 실제 총기와 유사하여 임무 범위를 벗어난 위협이나 범죄에 악용될 우려가 높아 2006년부터 생산 금지됨
    - 실제 3,8권총과 유사, 총소리가 나서 선제압에 이용
    - 5연발 실린더 삽입방식으로 여러명 범인 제압에 용이, 반자동 5연발 회전식

② **피스톨식**
  - 총소리가 나지 않아 범인 검거시 은밀 검거 은밀 제압
  - 대용량 약제통 10발 나눠 발사 가능, 여러 명 제압 효과
  - 발사거리 3-4m, 약제카트리지 교환식(반영구적 사용)
- 폴리스 2 : 제원
  - 형식 : 액체분사식, 발사거리 3-5m
  - 발사횟수 : 연발, 총성 : 무
  - 전장 : 165mm, 중량 : 350g
  - 재질 : 특수 알루미늄동합
  - 레이저 빔 조준 발사(야간에 유리)

- KSKC-S10
- SUPER-7 : 사용법
  - 총열개폐장치의 뒤편 버튼을 눌러 자동으로 총열이 꺾이면서 열리면 약제탄을 총구방향으로 삽탄후 총열을 원위치시킨다.
  - 폭음탄 개폐장치를 뒤로 밀면 자동으로 폭음탄 커버가 열리며 이때 폭음탄을 위치에 맞게 삽입한다.
  - 노리쇠를 뒤쪽으로 민 다음 폭음탄 커버를 꼭 눌러 닫고 손을 서서히 놓아 노리쇠를 원위치시킨다.

– 단발로 나눠 여러 번 발사하여 사용할 경우 방아쇠를 당겼다가 놔주는 동작으로 사용하며 계속적으로 방아쇠를 당긴 상태를 유지하고 있으면 내부의 약제가 모두 분사된다.

- DH-2000 : 제원

  – 형식 : 기관총형 액체분사기
  – 발사거리 :7m, 발사횟수 : 8-10연발
  – 총성 : 유, 폭음탄 : 8발 장전
  – 전장 : 199.5mm, 중량 : 750g
  – 재질 : 특수 알루미늄동합금

③ 스프레이식

- SUPER-1 : 제원

  – 용도 : 호신용 방범 스프레이
  – 약제 : 식물성 약제
  – 분사방식 : 노즐펌프분사방식
  – 약제용량 : 20g, 분사거리 : 3m이상
  – 분사횟수 : 70회 이상
  – 크기 : 굵기 3cm, 길이 11,5cm
    ※ 소지 허가 없이 소지할 수 있음

나. 분말 분사식

① SOS-909(2연발)

② SOS-909(단발)

- 제원
  – 형식 : 분말식, 총성 : 무
  – 분사거리 : 4-5m, 분사횟수 : 2연발
  – 전장 : 173mm, 중량 : 395g
  – 재질 : 특수 알루미늄 합금
  – 2연발 분말 방사형
  – 탄창 교환식

강력한 2연발 분말 방사형, 순발력이 좋고 탄창 교환식으로 사용이 간편하며 분사량이 많아 경비용으로 적합하다. 금융기관 및 경비업체에서 많이 사용한다.

③ **경봉형 분말분사식 KSKC-S242**

- 일시에 분출되어 좌우 방향전환 여러 명 동시 퇴치 가능
- 경봉 사용, 분사거리 7-10m,
- 발사횟수 : 단발, 중량 : 470g
- 효과 : 눈물, 콧물, 피부자극, 시야차단 등 범인 행동둔화, 통제 효과

다. 가스 분사기 안전사용과 준수사항

① 안전장치, 취급요령, 수칙 등 사용법 준수
② 가스 분사기사용 시에는 불가항력 상황에서 정당방위

　행위 수단에서만 사용, 개인 감정과 같은 무분별한 사용 금지(사용하기 전 목격자 확보 및 동영상 등 사진촬영)
③ 가스 분사기가 범인 손에 들어가 역공격을 당할 상황을 예상, 피탈당하거나 분실했을 경우 지체 없이 관할 경찰서에 신고
④ 사용 전 충분한 경고와 침착한 태도 유지
⑤ 적정거리와 분사될 방향(바람 등)을 유지
⑥ 신속, 정확하고 민첩하게 사용
⑦ 필요한 경우에만 사용, 사용 후 관할 경찰서에 신고 후 사용 사유 작성

2) 경봉 사용법

(1) 경봉 정의

상대방 공격을 제압하기 위해 제작된 휴대 가능한 봉,
휴대성과 제압성을 높이기 위해 3단봉, 길이 70cm

플라스틱 재질

(2) 경봉 사용시 주의할 점

① 사용상 위험성을 갖고 있으므로 사용 남용 금지
② 상대방 머리, 얼굴, 흉부, 복부 등을 직접 가격할 때는
   사용해도 될 상황인지 살필 것
③ 경비원의 경비행위가 소극적 방어행위이기 때문에 최
   소한 정당방위의 상황에서 자기 또는 타인의 법익에
   대한 현재의 부당한 침해를 방지하기 위한 행위
④ 정당한 사용에 대한 기준은 비례의 원칙 적용

3단봉 형식

- 적합성 : 사용하는 수단이 목표달성에 비추어 볼 때
  법적이나 사실적으로 유용한 수단인지 검토
- 필요성 : 선택 가능한 수단들 중에서 최소한의 침해를 주는 수단을 선택한
  것인지 검토
- 상당성 : 목적을 달성하기 위한 필요성이 있는 경우라도 상대방에게 불이익
  이 현저하게 크게 발생한다면 사용해선 안 된다.

(3) 경봉술의 기본 자세

가. 전방 및 후방자세

- 전방자세는 오른발을 전방으로 향하면서 양발은 앞뒤로 한보, 좌우로 어깨넓
  이 만큼 유지, 몸 균형은 양발에 균형있게 배분, 봉을 상대방에게 겨누는 공
  세적 자세로 상대방에게 심리적 압박을 가하기 위해 주로 취하는 자세
- 후방자세는 오른발을 후방으로 향하면서 봉도 마찬가지로 뒤쪽에 위치하는
  것으로 상대방에게 봉이 직접적으로 보이지 않음으로 전방자세보다 위협감이
  떨어지나 왼손으로 상대방을 제지하거나 경고의 메시지를 전달할 수 있는 자세

나. 봉 숨김 및 봉 내려자세

- 봉 숨김자세는 상대방에게 봉을 보이지 않게 하여 상대방을 진정시키고 동시
  에 상대방의 불시공격에 효과적으로 대응하기 위한 자세
- 봉 내려자세는 상대방에게 공격의사를 표출시키지 않으면서도 긴급할 경우

즉시 방어할 수 있는 자세

다. **밀기** : 바로 잡고 밀기, 숨김자세 밀기

라. **치기** : 어깨, 팔꿈치, 손목, 쇄골, 목, 머리치기

마. **찌르기**

- 찌르기 전 기본동작
- 찌르기의 형태(오른팔을 접은 후 찌르기 형태)

3) 전자충격기(테이져건)

- 중량 : 340g
- 최대사거리 : 6.5m
- 최적사거리 : 3~4m
- 전류 : 2.1mA(전압 : 50,000V)
- 전극침 : 바늘 1cm
- 피부접촉 없이 의류 두께 2.5cm까지 충격 가능
- 2005년부터 경찰에 도입하여 사용(1대 가격 : 120만원)

⑤ 직무수행능력평가

(1) 평가기준

성취수준	수행정도	평가점수
5	해당지식과 기술을 **완벽하게 습득하여** 직무수행에 필요한 기술적인 사고력과 문제의 해결능력을 토대로 **주도적으로 완벽하게 임무를 수행**할 수 있다.	75–80
4	해당지식과 기술을 습득하여 직무수행에 필요한 기술적인 사고력과 문제의 **해결능력을 토대로 임무를 수행**할 수 있다.	70–74
3	**해당지식과 기술을 대부분 습득**하여 직무수행에 필요한 지식과 기술을 **대부분 수행**할 수 있다.	65–69
2	**해당지식과 기술을 부분적으로 습득**하여 **타인과 공동으로 직무수행**할 수 있다.	60–64
1	**해당지식과 기술이 부족함이 있어 타인의 도움을 받아야만 직무수행**할 수 있다.	60 미만

(2) 평가문항

평가자는 다음 사항을 평가해야 한다.

- 경비원 법정 경비장비의 유형과 특성 숙지능력
- 경비원 휴대장비의 사용 및 관리요령
- 호송장비의 사용 및 관리요령
- 방범시스템 설치 및 관리요령
- 보안장비(검색장비, 방호장비, 감시장비, 통신장비) 설치 및 관리요령
- 총기의 사용 및 관리요령
- 분사기 사용 및 관리요령

10

NCS 기반
일반경비원
신임교육교재

직업윤리와 서비스

직업윤리와 서비스

1) 인간의 사회성

- 인간은 사회적 동물 : 인간의 사회적 본성−사회공동체 속에서 삶의 의미(자아실현과 자기완성)
- 포이에르바하, 「미래철학의 근본문제(1843)」에서 "인간은 본질이 도덕적 존재이든 이성적 존재이든 고립된 개인을 의미하는 것이 아니라 인간의 본질은 인간과 인간을 연결하는 공동체 안에 있는 것이다"라고 하였다.

2) 인간의 사회적 관계

- 인간의 사회적 관계 : 개인 대 개인/개인 대 집단/집단 대 집단 등의 관계가 있음
- 사회관계 속의 한 개인 : 경쟁적 대립관계−우호적 협력관계
- 개인의 사회관계의 모습을 결정 : 지성과 이성의 발달, 개인의 이익욕구 증대, 복잡 다양한 사회생활양상 등

2 인간사회와 윤리

1) 윤리의 본질

- 사회적 규범 : 인간이 공동생활을 유지할 수 있게 하는 행위 약속, 관습, 법, 윤리, 도덕 등을 의미함
- 윤리의 본질 : 영어의 Ethics는 그리스어의 Ethic(풍습) 또는 Thos(품성)에서 유래. 도덕(moral)도 라틴어 Môrês(풍습 또는 품성)에서 나온 말임
- 절대적 윤리 : 영원불멸하는 보편타당한 행동의 법칙을 말하며 이것의 존재를 신뢰
- 상대적 윤리 : 인간생활 규범인 윤리는 선천적인 것이 아니라 인간의 사회생활을 통해 형성되어온 역사적 산물이라는 입장

2) 현대사회와 윤리

- 현대사회의 특징 : 직업의 다양성, 조직과 제도, 가치관의 다양화, 사회변화는 동적이며 개방화, 산업화, 정보화 ⇒ 물질적 풍요 등 긍정적 효과도 많지만, 경제적 갈등, 사회적 불평등, 소외감 등등 병폐
- 현대사회와 윤리의식 : 물질문명= ⇑, 정신문명= ↗, ↘, ? (괴리), 현대사회에서 양심의 소리를 잃고 인간의 존엄성이나 죄의식 사라져 감, 인간이 과학을 창조하였지 과학이 인간을 창조한 것이 아님

3) 세상에서 가장 행복한 사람은? 혹은 가장 불행한 사람은?

- 사랑이 없는 사람
- 실패한 사람
- 친구가 없는 사람
- 꿈과 희망이 없는 사람
- 잊혀진 사람
- 할 일이 없는 사람 …

3   사회와 직업

1) 직업과 직업관

- 직업의 정의 : 경제적으로 보상받는 성인들의 생산활동
- 신분적 직업관(봉건적 직업관) : 직업이 신분, 계층, 인종 등에 따라 정해짐
- 평등적 직업관(민주적 직업관) : 직업은 신성한 것이며 귀천이 없다는 입장
- 생업적 직업관(경제적 직업관) : 직업을 생업이라 부르며 개인의 경제적 독립을 위한 일차적 수단으로 이해
- 봉사적 직업관(이타적 직업관) : 자신을 위한 단순 생계수단이 아니라 사회봉사를 위한 역할적 분담, 천직사상과 소명의식에 영향을 받은 직업관
- 수단적 직업관(도구적 직업관) 대 목적적 직업관

2) 직업의식

- 천직의식(天職)
- 소명의식(召命, Calling)
- 직분의식(職分) : 사회적 여러 기능을 분담하여 참여한다는 직업의식
- 가업의식(家業)
- 장인정신(匠人)
- 기업가정신 : 기업을 통한 창조적 실현과 사회 공헌

4   직업윤리

1) 필요성

- 현대사회에서는 직역(職域)과 직능(職能)에 따라 직업윤리가 다를 수 있다. 직장생

활의 실천윤리는 직업에 따라 특수성을 지닌다.
- 조선시대 실학자 연암 박지원 : "물건을 독점한다든지 값을 올렸다 내렸다 하는 장사수법은 조심하지 않으면 아니되오. 왜냐면 돈의 이익만 생각하는 것이지 백성이나 나라를 생각하는 것이 아니기 때문이오. 말하자면 소인의 상술이요 망국적 상술이란 말이오. 이러한 장사꾼이 많을 때 그 나라는 망하지 않을 수 없을 것이오…"

2) 직업윤리의 형성

- 사회가 직업활동에 부여하는 가치
- 개인의 직업활동에 대한 자각, 즉 개인의 직업관
- 고용자와 피고용자 간의 관계, 상호간 바라보는 시각 등에 따라 형성됨

---

5 직장생활과 인간관계

1) 직장생활과 예절

- 예절의 근본정신 : 상대방의 인격을 존중하는 마음가짐
- 예절의 종류
  - 대상에 따른 예절(개인예절/남에게 하는 예절-남을 대하는 의사소통상의 예절/함께하는 예절-공중도덕)
  - 범위에 따른 예절(기본예절-말씨, 마음가짐, 몸가짐 등/생활예절-가정예절, 학교예절, 사회예절/가정의례-혼인, 상장례, 제의례, 수연례 등)
- 인사예절(일반인사/악수예절)
- 대화예절(말하는 태도/대화요령/경청의 태도/윗사람과의 대화/동료와의 대화)
- 전화예절(받을 때)
  - 전화는 벨소리가 세 번 이상 울리기 전에 받음
  - 수화기를 들면 직장명을 밝히고 인사부터 한다.

- 전화받을 사람이 다른 용무 중이면 메모 후 전한다.
- 용건은 간단 명료하게 전한다.

• 전화예절(걸 때)
- 먼저 자기 소속과 이름을 밝힌다.
- 용건의 명제를 먼저 상대방에게 알린다.
- 업무전화는 건 쪽에서 먼저 끊는다.
- 거래처 번호는 바로 찾도록 일람표를 만든다.

• 호칭예절
- 상급자에 대한 호칭 : 직속상급자–성과 직위다음에 '님'의 존칭을 붙이며, 타 부서상급자–부서명 뒤에 '님'을 붙여 말한다. 단순히 3인칭으로 상급자를 지칭할 때는 '님'을 뺀다. 그리고 직속상급자를 그 상급자에게 이야기할 때는 직책이나 직위만을 사용한다.
- 동급자 간 호칭 : 동년배 혹은 자기보다 낮은 상대–직급명에 성을 붙이거나 직책을 붙여서 말하고 친하지 않거나 나이가 많을 때에는 '님'을 붙여 직급명을 말한다. 또한 성 뒤에 '선배님'이라 불러 존경과 친숙함을 더하는 호칭을 사용하기도 하며 자기보다 연하일 때 보통 성명에 '씨'를 붙이는 것이 무난하다.
- 하급자에 대한 호칭 : 직급명, 직책명을 말하며 기타의 경우에는 성명에 '씨'를 붙여 부른다. 하급자라도 10년 이상 연상자이면 '선생님' 또는 '선생'이라 부르는 것이 좋다.

• 출근예절
- 출근소요시간 30분 정도 여유 있게 집을 나선다.
- 출근시간 10-20분 전까지 사무실 책상에 앉을 수 있게 한다.
- 실내정돈, 청소 등의 업무준비도 업무개시 전에 이루어져야 한다.

• 사람을 소개할 때의 예절
- 동성 간의 소개는 원칙적으로 연하의 사람을 먼저 소개하고 연장자를 소개한다.
- 이성 간의 소개는 원칙적으로 남성을 먼저 소개한다. 다만 남성이 연장자인 경우나 상사일 경우에는 여성을 먼저 소개한다.
- 많은 사람을 동시에 소개할 때는 가장 가까운 곳 또는 가장 먼 곳부터 성명만 소개한다(경우에 따라서는 직업이나 직책을 함께 소개도 한다).
- 손님에게 자기 조직의 직원을 소개할 때는 연장자 또는 직위 순으로 소개한다.

6 예절의 필요

1) 개인적 필요

- 자신의 여유와 평안
- 자녀의 모범
- 삶의 질 향상

2) 사회적 필요

- 좋은 인간관계 형성
- 신뢰사회형성
- 사회질서유지에 도움

7 예절을 잘 지키는 전제조건

1) 마음 : 긍정적/배려심/열린마음
2) 태도 : 자신감/열정/성실/공감/경청
3) 능력 : 전문성/자기관리/대인관계
4) 경비원에게 필요한 이미지
   - 일에 대한 전문성
   - 근무자세
   - 대인관계능력
   - 전화예절
   - 용모 및 인사

8 대인관계능력의 결정

1) 좋은 인상-미소효과(웃는 얼굴에 침 못 뱉는다)

2) 좋은 인상-성실효과(믿음이 가는군 얼마나 노력한 결과인가)

3) 좋은 인상-경청효과(상대방을 모르면 신뢰할 수 없다)

9   사람을 잘 사귀는 방법

1) 타인에 대한 愛情(사랑과 정감)

- 범죄자의 대표적 특성 : 무정성(無情性)
- 정감학습은 자연적, 가정환경의 중요성

2) 상대방을 인정하라(신뢰와 인정)

- 불신은 인정하지 않기 때문
- 인정과 존경을 받은 아이는 남을 인정하고 긍정적인 삶을 사는 경우가 많음

3) 있는 그대로 받아 들여라(너무 큰 기대는 실망으로, 분노로, 사건유발로)

- 이웃집 아들, 최수종같은 남편만 본다면 우리 아들과 우리 집 남편은 항상 문제아 문제 남편
- 이웃집 아들은 헌신하는 엄마, 최수종은 하희라가 있었음을 기억하자

10   용모와 복장

- 청결 : 깨끗이(손, 발, 몸, 옷, 신발 등)
- 단정 : 화려함이 아님
- 조화 : 신분과 분위기(환경)에 어울리는 복장/모자, 옷, 신발의 균형/표정, 복장, 행동의 일치 등

11 인사와 사람의 이미지

1) 인사의 의미

- 인간관계의 시작
- 자신의 마음을 열어 상대방에 다가감
- 상대방을 예우하며 특히 서비스하는 정신의 표현임

2) 사람의 이미지와 소통의 요소

- 커뮤니케이션의 중요 요소 – 멜라비안의 법칙
- 미국 UCLA의 커뮤니케이션 교수인 알버트 멜라비안
- 그의 연구발표에서 커뮤니케이션을 구성하는 3요소로
  - Words(말, 결국 무엇을 말하는가)
  - Tone of Voice(소리, 결국 소리의 대소, 고저, 음색 등)
  - Body Language(태도, 자세, 몸놀림, 얼굴표정, 겉모습, 시선 등)의 3요소가 있고, 이 3요소 중 어느 것이 어느 정도 중요하고 임팩트가 강한가를 실험한 결과를 발표하였다.

  그에 따르면 사람과 사람과의 커뮤니케이션에 있어서 Words(말)가 발휘하는 역할은 약 7%, Tone of Voice(소리, 결국 소리의 대소, 고저, 음색 등) 부분이 38%, 그리고 Body Language(태도, 자세, 몸놀림, 얼굴표정, 겉모습, 시선 등)가 55%를 점한다는 것이었다.

  즉, 말의 효과는 7%에 불과하므로 사람 간의 소통에 있어 말 이외의 요소가 대부분을 차지하며 아주 중요함을 알 수 있다.

3) 인사의 출발

- 미소-웃는 얼굴 만들기(억지로라도 웃자)

- 안면근육운동–눈썹운동/눈운동/볼운동/입운동/턱운동
- 미소연습–입을 옆으로 당기듯 입 꼬리 위로 향하게(위스키, 개나리, 미나리)
- 정중 경례 : 두 손 앞으로 모으고 상체를 45° 숙인 채 2~3초 유지
            (사과, 감사, 맞이, 배웅 등)
- 평 경례 : 두 손 앞으로 모으고 상체를 30° 숙인 채 2~3초 유지
            (보통례 : 일상에서 가장 많이 사용)
- 반 경례 : 두 손 앞으로 모으고 상체를 15° 숙인 채 2~3초 유지
            (답례 : 동료나 아랫사람)
- 목례 : 두 손을 모으고 상체를 굽히지 않고 고개를 약간 숙임
            (간편례 : 목욕탕, 화장실 등)

4) 자 세

- 근무자세 : 바른자세
- 대화자세 : 겸손/친절하며, 호감가는 자세로 상대방을 배려하며 말하기
- 대화의 3요소 : ① 태도(겸손, 친절, 호감), ② 음성(정확한 발음, 경쾌하고 상량), ③ 말씨(존경어, 겸양어, 정중어)

집필진 약력

김상균
동국대학교 대학원 경찰행정학과(범죄학박사)
천안교도소 징벌위원회 위원
천안동남경찰서 경미범죄심사위원회 위원
한국범죄심리학회 회장
現 백석대학교 경찰학부 교수

송병호
한양대학교 법학과(법학사)
동국대학교 대학원 경찰행정학과(법학석사)
동국대학교 대학원 경찰행정학과(경찰학박사)
천안동남경찰서 집회시위자문위원
충남교육청 소청심사위원
공주교도소 자문위원
한국범죄심리학회 부회장
한국경찰학회 충청지회장
現 백석대학교 경찰학부 교수

NCS 기반 일반경비원 신임교육교재

초판발행	2017년 8월 30일
편저자	백석대학교 범죄안전문화연구소
펴낸이	안종만
편 집	이승현
기획/마케팅	이영조
표지디자인	김연서
제 작	우인도·고철민
펴낸곳	(주) **박영사**
	서울특별시 종로구 새문안로3길 36, 1601
	등록 1959. 3. 11. 제300-1959-1호(倫)
전 화	02)733-6771
f a x	02)736-4818
e-mail	pys@pybook.co.kr
homepage	www.pybook.co.kr
ISBN	979-11-303-0455-7 93350